ERIK WEISS

Die Anwendbarkeit von Jugendstrafrecht auf Heranwachsende

Schriften zum Strafrecht

Band 367

Die Anwendbarkeit von Jugendstrafrecht auf Heranwachsende

Eine rechtsdogmatische Untersuchung der Voraussetzungen
des § 105 Abs. 1 JGG und zugleich ein Beitrag
zur rechtspolitischen Diskussion um die strafrechtliche
Behandlung Heranwachsender *de lege ferenda*

Von

Erik Weiss

Duncker & Humblot · Berlin

Die Juristische Fakultät der Heinrich-Heine-Universität Düsseldorf
hat diese Arbeit im Jahre 2020 als Dissertation angenommen.

Bibliografische Information der Deutschen Nationalbibliothek

Die Deutsche Nationalbibliothek verzeichnet diese Publikation in
der Deutschen Nationalbibliografie; detaillierte bibliografische Daten
sind im Internet über http://dnb.d-nb.de abrufbar.

D61

Satz: 3w+p GmbH, Rimpar
Druck: CPI buchbücher.de gmbh, Birkach
Printed in Germany

ISSN 0558-9126
ISBN 978-3-428-18187-2 (Print)
ISBN 978-3-428-58187-0 (E-Book)

Gedruckt auf alterungsbeständigem (säurefreiem) Papier
entsprechend ISO 9706 ♾

Internet: http://www.duncker-humblot.de

Meiner Großmutter, Else Weiss
in liebevoller Erinnerung

Vorwort

Die vorliegende Arbeit wurde im Sommersemester 2020 von der Juristischen Fakultät der Heinrich-Heine-Universität Düsseldorf als Dissertationsschrift angenommen. Für die Veröffentlichung konnten Rechtsprechung und Literatur bis einschließlich Oktober 2020 berücksichtigt werden.

Zuvorderst möchte ich mich ganz herzlich bei meinem Doktorvater und akademischen Lehrer, Herrn Prof. Dr. Horst Schlehofer bedanken. Er hat die Entstehung dieser Arbeit durch eine intensive Betreuung gefördert. Aber vor allem hat er meinen Zugang zur Rechtswissenschaft in den vielen Jahren als studentischer und anschließend wissenschaftlicher Mitarbeiter an seiner Professur maßgeblich geprägt. Diese äußerst lehrreiche Zeit werde ich in bester Erinnerung behalten.

Bedanken möchte ich mich zudem bei Herrn Prof. Dr. Karsten Altenhain für die Erstellung des Zweitgutachtens und dafür, dass er durch seine Vorlesung in meinem ersten Studiensemester meine bis heute ungebrochene Begeisterung für das Strafrecht geweckt hat.

Meinen Kolleginnen und Kollegen an der Professur danke ich für die schöne gemeinsame Zeit, die wir miteinander verbracht haben. Namentlich hervorheben möchte ich insoweit Frau Laura Sauer, die mich nicht nur durch sorgfältiges Korrekturlesen des Manuskripts, sondern als enge Freundin auch moralisch stets unterstützt hat. In gleicher Weise gilt mein Dank auch meinen weiteren engen Freunden für den stetigen Zuspruch und dafür, dass sie mich in schwierigen Phasen der Promotion aufgefangen haben.

Den Grundstein für die Entstehung dieser Arbeit hat meine Familie gelegt, allen voran meine Mutter Olga Weiss. Durch ihre bedingungslose und liebevolle Unterstützung auf meinem bisherigen Lebensweg ermöglichte sie mir meine akademische Laufbahn. Dafür bin ich ihr von ganzem Herzen dankbar. Leider konnte meine mich ebenfalls stets vorbehaltlos unterstützende Großmutter Else Weiss die Veröffentlichung meiner Dissertation nicht mehr erleben. Ihr ist diese Arbeit in Liebe gewidmet.

Berlin, im Oktober 2020 *Erik Weiss*

Inhaltsverzeichnis

Einleitung

A. Themeneingrenzung

Das geltende Strafrecht unterscheidet zwischen vier für die Schuldfähigkeit sowie die Rechtsfolgen einer Tat relevanten Alters- und Reifestufen:

Für unter 14-Jährige wird gem. § 19 StGB unwiderlegbar vermutet, dass diese als Kinder schuldunfähig sind, mithin nicht die für eine Strafbarkeit konstituierende Fähigkeit besitzen, das Unrecht einer Tat einzusehen und nach dieser Einsicht zu handeln. Für diese Personengruppe kommen daher keine originär strafrechtlichen Rechtsfolgen in Betracht. Es verbleibt lediglich die Möglichkeit der Anordnung familiengerichtlicher Maßnahmen nach den §§ 1666, 1666a BGB oder die von Maßnahmen des Jugendamtes nach dem SGB VIII, wie z. B. die Anordnung einer vorläufigen Unterbringung nach § 42 SGB VIII.

Jugendliche, d. h. gem. § 1 Abs. 2 JGG 14- bis einschließlich 17-Jährige sind nach § 3 S. 1 JGG bedingt strafmündig, sofern sie zur Tatzeit nach ihrer sittlichen und geistigen Entwicklung reif genug sind, das Unrecht der Tat einzusehen und nach dieser Einsicht zu handeln. Sie unterfallen dann den Sonderregelungen des JGG, welche dem kritischen Übergangsstadium zwischen Kindheit und Erwachsenenalter durch ihre primär spezialpräventive Ausrichtung (vgl. § 2 Abs. 1 JGG) in besonderem Maße Rechnung tragen sollen.

In Abgrenzung zu dem in der vorliegenden Arbeit im Fokus stehenden Heranwachsenden i.S.d. § 1 Abs. 2 JGG gilt als Erwachsener, wer das 21. Lebensjahr vollendet hat. Die Schuldfähigkeit Erwachsener wird grundsätzlich vermutet, sofern nicht ausnahmsweise Entschuldigungs- oder Schuldausschließungsgründe eingreifen. Die Aburteilung der Straftaten solcher Delinquenten erfolgt ausnahmslos nach dem StGB.

Als Zwischenstadium verbleibt die Personengruppe der Heranwachsenden, also gem. § 1 Abs. 2 JGG der zur Tatzeit 18- aber noch nicht 21-Jährigen. Für diese treffen die §§ 105 ff. JGG Sonderregelungen. Die Schuldfähigkeit von Personen dieser Gruppe wird in Ermangelung einer Verweisung auf § 3 S. 1 JGG im Rahmen der Auflistung anwendbarer Vorschriften in § 105 Abs. 1 JGG – wie bei einem Erwachsenen – grundsätzlich vermutet. Unter gewissen, in § 105 Abs. 1 JGG kodifizierten Voraussetzungen können auch Taten Heranwachsender nach dem primär spezialpräventiv ausgerichteten Jugendstrafrecht abgeurteilt werden. Sind die Voraussetzungen des § 105 Abs. 1 JGG jedoch nicht erfüllt, erfolgt eine Sanktionierung nach dem allgemeinen Strafrecht mit einzelnen Modifikationsmöglichkeiten gem. § 106 JGG.

Es ist die im deutschen Recht einmalige Zwitterstellung innerhalb der zwei strafrechtlichen Rechtsfolgensysteme, die den Heranwachsenden in den Fokus kontroverser rechtsdogmatischer sowie rechtspolitischer Diskussionen gerückt hat. Dabei ist stets von zentraler Bedeutung, anhand welcher Kriterien im Einzelfall zu bestimmen ist, welche der beiden Sanktionsordnungen eingreift. § 105 Abs. 1 JGG als zentrale Vorschrift enthält in seinen Nummern 1 und 2 separate Voraussetzungen für die Anwendung von Jugendstrafrecht auf Heranwachsende, deren Auslegung im Einzelnen jedoch umstritten ist. Beispielhaft ist die Frage hervorzuheben, ob auf einen Heranwachsenden, der einem Jugendlichen in seiner geistig-sittlichen Entwicklung gleichsteht, jedoch keine Entwicklungskräfte mehr aufweist, gem. § 105 Abs. 1 Nr. 1 JGG Jugendstrafrecht anzuwenden ist oder nicht. Darüber hinaus wird die Sachgemäßheit der Regelung in § 105 Abs. 1 JGG per se in Zweifel gezogen. Von einer vollständigen Einbeziehung Heranwachsender in das Jugendstrafrecht bis hin zu einer vollständigen Eingliederung in das allgemeine Strafrecht werden unterschiedliche Konzepte der Behandlung dieser Personengruppe befürwortet. Die vorliegende Arbeit wird sich ausschließlich mit dieser zentralen und in ihren Einzelheiten noch nicht endgültig geklärten Frage der Anwendbarkeit von Jugendstrafrecht auf Heranwachsende beschäftigen. Zum einen sollen die Anwendungsvoraussetzungen des § 105 Abs. 1 JGG und die zu diesen vertretenen Auslegungsvorschläge einer kritischen dogmatischen Begutachtung unterzogen werden. Zum anderen soll sowohl aus dogmatischer als auch rechtspolitischer Perspektive umfassend erörtert werden, welche Ausgestaltung der strafrechtlichen Behandlung Heranwachsender *de lege ferenda* am überzeugendsten erscheint.

B. Gang der Untersuchung

Zu Beginn erfolgt eine historische Einführung, in welcher die Entwicklung der strafrechtlichen Behandlung Heranwachsender im Detail nachgezeichnet wird. Dabei wird aufgezeigt, dass es sich bis zur Einführung des § 105 JGG im Jahr 1953 um einen absehbaren Schritt handelte, welcher bei konsequenter Fortführung in einer vollständigen Einbeziehung Heranwachsender in das Jugendstrafrecht hätte münden müssen. Die historische Untersuchung stellt das Fundament für die Auseinandersetzung mit dem konkreten Norminhalt dar. Die aus ihr gewonnenen Erkenntnisse werden bei der Klärung einzelner Fragen, insbesondere im Rahmen der historischen Auslegung sowie bei der Erörterung möglicher alternativer Regelungsmodelle herangezogen werden.

Im zweiten Teil werden die Voraussetzungen des § 105 Abs. 1 JGG einer umfassenden Begutachtung unterzogen. Da die Dogmatik des Jugendstrafrechts insbesondere in methodischer Hinsicht Defizite aufweist, liegt der Fokus auf einer präzisen und systematisch stringenten Auslegung der zentralen Voraussetzungen der Nr. 1 und 2.

Mit Blick auf das Einem-Jugendlichen-Gleichstehen i.S.d. § 105 Abs. 1 Nr. 1 JGG wird u.a. aufgezeigt, dass das von der h.M. aufgestellte Erfordernis des „Wirkens von Entwicklungskräften in größerem Umfang" richtigerweise keine Voraussetzung darstellt. In der Folge wird dafür plädiert, Heranwachsende, die einem Jugendlichen in ihrer sittlich-geistigen Entwicklung gleichstehen, deren Entwicklung jedoch abgeschlossen ist, entgegen der aktuellen Rechtsprechungspraxis stets nach Jugendstrafrecht abzuurteilen.

Hinsichtlich der Voraussetzung einer „Jugendverfehlung" i.S.d. § 105 Abs. 1 Nr. 2 JGG wird die von der Rechtsprechung und Literatur entwickelte Kasuistik unter Einbeziehung der *Marburger Richtlinien* sowie der *Bonner Delphi-Studie* auf ein solideres Fundament gestellt. Es wird aufgezeigt, dass in den als erfasst angesehenen Konstellationen der Rückschluss auf einen sittlich-geistigen Entwicklungsstand, der dem eines Jugendlichen entspricht, im Ergebnis begründet ist.

Schließlich werden im dritten Abschnitt Reformbestrebungen hinsichtlich der strafrechtlichen Behandlung Heranwachsender umfassend dargestellt und kritisch gewürdigt. Trotz der zahlreichen Veröffentlichungen zu diesem Problemkreis findet sich bis dato keine vollständige, auf alle Konzeptionen und deren wesentliche Argumente fundiert eingehende Aufarbeitung. Daher ist es das Anliegen dieses Abschnitts, ein solideres Fundament für die rechtspolitische Diskussion um die künftige strafrechtliche Behandlung Heranwachsender zu schaffen, sie um zusätzliche Argumente zu bereichern und letztlich einen Gesetzgebungsvorschlag *de lege ferenda* zu unterbreiten.

Erster Teil

Historie: Entwicklung hin zu § 105 JGG und die sie begleitende Diskussion

Obwohl die Frage nach einer strafrechtlichen Sonderbehandlung Heranwachsender[1] seit Inkrafttreten des ersten Jugendgerichtsgesetzes von 1923[2] häufig diskutiert worden ist, sind Vorschläge, diese Altersgruppe ihrem Reifegrad entsprechend in das Jugendstrafrecht zu integrieren, stets gescheitert.[3] Erst mit Inkrafttreten des reformierten Jugendgerichtsgesetzes vom 4. 8. 1953[4] erfolgte unter bestimmten, in § 105 Abs. 1 JGG kodifizierten Voraussetzungen eine Einbeziehung Heranwachsender in das materielle Jugendstrafrecht. Es handelt sich damit um eine verhältnismäßig „junge" Regelung, die in den darauf folgenden Jahrzehnten in regelmäßigen Abständen wiederkehrenden kontroversen Diskussionen und Reformvorschlägen ausgesetzt war. Im Folgenden soll diese Entwicklung chronologisch aufgearbeitet und dabei auch in den Kontext der jeweiligen historischen Verhältnisse und Gegebenheiten eingeordnet werden.

A. Das Jugendgerichtsgesetz von 1923

Das JGG von 1923 als erstes umfängliches Sonderstrafrecht für jugendliche Täter wird oftmals als ein für damalige Verhältnisse außerordentlich fortschrittliches Gesetz angesehen.[5] Dies dürfte insbesondere auf die Bemühungen der zu Beginn des 20. Jahrhunderts entstehenden Jugendgerichtsbewegung zurückzuführen sein, die – angeregt durch ausländische Erfahrungen mit jugendrichterlichen Reaktionen – die Sonderstellung der Jugend in den Fokus etwaiger Diskussionen rückte.[6] Das Gesetz zeichnete sich vor allem durch eine Abkehr vom Vergeltungs- hin zu einem spe-

---

[1] Entsprechend der geltenden Legaldefinition in § 1 Abs. 2 JGG sind damit im Zeitpunkt der Tat 18- bis einschließlich 20-Jährige gemeint.

[2] RGBl. I 1923, S. 135 ff.

[3] BT-Dr. 1/3264, S. 36.

[4] BGBl. I 1953, S. 751 ff.

[5] *Ostendorf/Drenkhahn*, Jugendstrafrecht, Rn. 16; *Beulke/Swoboda*, Jugendstrafrecht, Rn. 102 f.; *Stolp*, Die geschichtliche Entwicklung des Jugendstrafrechts von 1923 bis heute, S. 44.

[6] *Laubenthal/Baier/Nestler*, Jugendstrafrecht, Rn. 23 ff.; *Beulke/Swoboda*, Jugendstrafrecht, Rn. 95 ff.; *Streng*, ZJJ 2017, 208.

zialpräventiven, primär an dem Erziehungsziel ausgerichteten Täterstrafrecht aus.[7] So wurden u. a. die Strafmündigkeitsgrenze von 12 (§ 55 RStGB) auf 14 Jahre angehoben (§ 2 JGG a.F.) sowie als neue Sanktionsform die Erziehungsmaßregeln (§ 5 JGG a.F.) geschaffen, welchen nach § 6 JGG a.F. Vorrang gegenüber der Freiheitsstrafe zukam.[8] Weiterhin wurden spezielle Jugendgerichte installiert, die bereits zuvor in der Praxis in ausgewählten Großstädten erprobt worden waren.[9]

So progressiv dieses Gesetz auch war, enthielt es noch keine Eröffnung der Anwendbarkeit auf Heranwachsende. Denn es galt nur für Jugendliche, also 14- bis (einschließlich) 17-Jährige, § 1 JGG a.F. Dennoch lässt sich aus einer Zusammenschau der Gesetzesbegründung und des § 17 JGG a.F., welcher die Zuständigkeit der Jugendgerichte regelte, herleiten, dass der Gesetzgeber die Personengruppe der Heranwachsenden bereits im Blick hatte:

Ausweislich der Gesetzesbegründung beruhte das Vorhaben eines eigenständigen Jugendgerichtsgesetzes auf der Erkenntnis, „dass Verfehlungen von Personen, die sich körperlich und geistig noch in der Entwicklung befinden, grundsätzlich anders bewertet werden müssten als Straftaten Erwachsener“[10]. Sofern sich ein Mangel in der bisherigen Erziehung des Jugendlichen in der Begehung einer Straftat zeige, müsse für eine Behebung desselben gesorgt und der Jugendliche auf den rechten Weg zurückgebracht werden.[11]

Die verfahrensrechtlichen Vorschriften, welche wegen des jugendlichen Alters des Täters dessen besonders schonende Behandlung gewährleisten sollten (so beispielsweise durch den Ausschluss der Öffentlichkeit im Rahmen der Verhandlungen nach § 23 Abs. 1 JGG a.F.),[12] fanden nach § 17 Abs. 1 JGG a.F. grundsätzlich nur auf Personen Anwendung, die zum Zeitpunkt der Anklage noch jugendlich waren. Erweiternd sah § 17 Abs. 2 JGG a.F. allerdings die Möglichkeit vor, eine Zuständigkeit des Jugendgerichts dadurch zu begründen, dass die Staatsanwaltschaft im Rahmen ihres Ermessens dort Anklage erhebt – vorausgesetzt, die in Rede stehende Person war zur Zeit der Tat Jugendlicher, im Zeitpunkt der Anklage zwischen 18 und 21 Jahre alt. Diese Option sollte nach dem Willen des Gesetzgebers vor allem dann in Erwägung gezogen werden, wenn jemand kurz vor Vollendung des 18. Lebensjahres eine Straftat beging und die Staatsanwaltschaft der Überzeugung war, dass noch Erziehungsmaßnahmen in Frage kommen.[13]

Während damit materiell-rechtlich das Alter zum Zeitpunkt der Tat entscheidend war, sollten die prozessualen Besonderheiten des JGG a.F. – mit Ausnahme des § 17

---

[7] *Stolp*, Die geschichtliche Entwicklung des Jugendstrafrechts von 1923 bis heute, S. 44.

[8] *Ostendorf/Drenkhahn*, Jugendstrafrecht, Rn. 16.

[9] *Ostendorf/Drenkhahn*, Jugendstrafrecht, Rn. 16; *Streng*, Jugendstrafrecht, Rn. 36 f.

[10] Reichstagsprotokolle 1920/24, 32, Anlage Nr. 5171, S. 8.

[11] Reichstagsprotokolle 1920/24, 32, Anlage Nr. 5171, S. 8.

[12] Reichstagsprotokolle 1920/24, 32, Anlage Nr. 5171, S. 16.

[13] Reichstagsprotokolle 1920/24, 32, Anlage Nr. 5171, S. 16.

Abs. 2 JGG a.F. – nur dann zum Einsatz kommen, wenn der Delinquent zur Zeit der Anklage auch noch jugendlich war. Der Gesetzgeber wollte also sich in der Entwicklung befindliche Täter ihren erzieherischen Bedürfnissen entsprechend behandeln können und diese vorrangig durch den Einsatz von Erziehungsmaßregeln zu einem legalen Verhalten motivieren. Gleichzeitig schaffte er eine Möglichkeit, die auf Jugendliche zugeschnittenen Verfahrensregeln in bestimmten Konstellationen auch auf (im Zeitpunkt der Anklage) Heranwachsende anzuwenden (§ 17 Abs. 2 JGG a.F.). Darin kommt letztlich die Wertung zum Ausdruck, dass auch (im Zeitpunkt der Anklage) Heranwachsende eines besonderen, eine schonende Behandlung gewährleistenden Jugendstrafverfahrens bedürfen können.

Auch wenn er sich im Ergebnis nicht zu einer vollständigen Öffnung des Jugendgerichtsgesetzes für die Personengruppe der Heranwachsenden entschließen konnte, hat der damalige Gesetzgeber sie doch bereits im Blick gehabt und sie in einem gewissen Umfang prozessual sogar einbezogen. Nach Verabschiedung des Gesetzes kamen erstmals verstärkt Bestrebungen auf, eine vollständige Einbeziehung Heranwachsender zu erwirken. So bezeichnete der 6. Deutsche Jugendgerichtstag in seiner Entschließung „die Erstreckung der Grundsätze des neuen Jugendstrafrechts auf die 18–20-jährigen […] als nächste Aufgabe […]“[14]. Diese Bestrebungen ließen in den folgenden Jahrzehnten auch nicht nach. Der Grundstein für eine kontrovers geführte Debatte war gelegt.

B. Das Reichsjugendgerichtsgesetz von 1943

Den nächsten bedeutenden gesetzgeberischen Akt im Jugendstrafrecht stellte das RJGG von 1943[15] dar. Betrachtet man dieses isoliert mit Blick auf seinen generellen materiellen Anwendungsbereich, so stellte es für die Gruppe der Heranwachsenden und den strafrechtlichen Umgang mit dieser keinen Fortschritt dar.[16] Nach § 1 Abs. 1 RJGG fand dieses Gesetz nämlich nur auf Jugendliche, also 14- bis einschließlich 17-Jährige Anwendung. § 3 Abs. 2 S. 2 RJGG sah sogar eine Herabsetzung der Strafmündigkeitsgrenze auf 12 Jahre vor, sofern „der Schutz des Volkes wegen der Schwere der Verfehlung eine strafrechtliche Ahndung fordert“. Weiterhin bestand nach § 20 RJGG die Möglichkeit, Jugendliche unter gewissen, von der nationalsozialistischen Ideologie geprägten Voraussetzungen (z.B. „wenn das gesunde Volksempfinden es wegen der besonders verwerflichen Gesinnung des Täters und wegen der Schwere der Tat fordert“) als „Jugendliche Schwerverbrecher“ nach Erwachsenenstrafrecht zu behandeln. In diesen Regelungen ist eine klar restriktive und reaktionäre Tendenz in der strafrechtlichen Behandlung junger Menschen zu

[14] 6. Deutscher Jugendgerichtstag, in: DVJJ (Hrsg.), Verhandlungen des 6. JGT, S. 56.

[15] RGBl. I, 1943, S. 637 ff.

[16] *Ostendorf*, NK-JGG, Grdl. zu den §§ 105 und 106, Rn. 2; *Stolp*, Die geschichtliche Entwicklung des Jugendstrafrechts von 1923 bis heute, S. 73.

erkennen. Man könnte daher die auch unter dem NS-Regime weiterhin geäußerte Forderung nach einer Einbeziehung Heranwachsender in das Jugendstrafrecht[17] als mit der Einführung des RJGG zunächst gescheitert ansehen. Indes lohnt sich auch hier ein Blick hin zu unterschiedlichen Vorschriften, die den Heranwachsenden tangieren, um ein vollständiges Bild zu gewinnen und diese These teilweise zu relativieren.

So wurde im Rahmen der Zuständigkeit der Jugendgerichte die Unterscheidung zwischen dem Alter im Zeitpunkt der Tat und der Anklage aufgehoben. Nach § 21 Abs. 1 i.V.m. § 1 Abs. 1 RJGG war nur noch maßgeblich, dass es sich im Tatzeitpunkt noch um einen Jugendlichen handelte. Es stand folglich bei zum Anklagezeitpunkt Heranwachsenden nicht mehr im Ermessen der Staatsanwaltschaften, wo sie anklagen. Vielmehr sollten Taten dieser Personengruppe stets in einem besonderen Jugendstrafverfahren gewürdigt werden. Die im Hinblick auf das JGG von 1923 herausgearbeitete Wertung, dass auch (im Zeitpunkt der Anklage) Heranwachsende eines schonenden Jugendstrafverfahrens bedürfen können, wurde damit verfestigt. Weiterhin war in § 65 Abs. 3 RJGG und § 68 Abs. 1 RJGG die Möglichkeit vorgesehen, dass Verurteilte bis zur Vollendung des 24. Lebensjahres eine Gefängnisstrafe und Beschuldigte bis zur Vollendung des 21. Lebensjahres Untersuchungshaft in einem Jugendgefängnis verbüßen können. Der Jugendstrafvollzug wies eine besondere, am – wenngleich im Sinne der NS-Ideologie pervertierten[18] – Erziehungsgedanken orientierte Ausrichtung auf: Gem. § 64 Abs. 1 RJGG sollte der Verurteilte durch den Vollzug dazu erzogen werden, sich verantwortungsbewusst in die Volksgemeinschaft einzuordnen. Diese weitergehende verfahrensrechtliche Einbeziehung illustrierte die gesetzgeberische Wertung, dass auch Heranwachsende ein besonderes Entwicklungspotential aufweisen können, welchem man mit Hilfe erzieherisch orientierter Maßnahmen begegnen sollte.

Wenngleich eine materiell-rechtliche Einbeziehung Heranwachsender in das Jugendstrafrecht unterblieb, lässt sich den dargelegten verfahrensrechtlichen Regelungen im Ergebnis eine ausweitende Tendenz entnehmen.[19] Dass es zu keinem vollständigen Durchbruch im Sinne einer materiell-rechtlichen Einbeziehung gekommen ist, dürfte dem Umstand geschuldet sein, dass sich viele der sog. „Halberwachsenen“ bei der Wehrmacht befanden, wo eine differenzierende strafrechtliche Behandlung aus Gründen der „Manneszucht“ als nicht praktikabel angesehen wurde.[20] So hielt der damalige Reichsjustizminister *Otto Georg Thierack* die Einbeziehung der „Halberwachsenen“ in das Jugendstrafrecht für eine Frage, die der

---

[17] Etwa *Clostermann*, ZStW 58 (1939), 741 (742); *Schaffstein*, ZStW 58 (1939), 740 (741).

[18] *Löffelsender*, ZJJ 2017, 215; *Wabnitz*, ZJJ 2017, 230 (234).

[19] In diesem Sinne auch *Stolp*, Die geschichtliche Entwicklung des Jugendstrafrechts von 1923 bis heute, S. 73.

[20] *Kümmerlein*, DJ 1943, 529, 531; *Stolp*, Die geschichtliche Entwicklung des Jugendstrafrechts von 1923 bis heute, S. 73.

Nachkriegszeit vorbehalten bleiben müsse.[21] Trotz fortschrittlicher Tendenzen gilt es zu berücksichtigen, dass das NS-Regime ausreichende Instrumente wie den bereits angeführten § 20 RJGG (Bestrafung Jugendlicher nach allgemeinem Strafrecht) installiert hatte, um unerwünschte Täter aus dem Anwendungsbereich des Jugendstrafrechts auszusondern.[22] Vor diesem Hintergrund dürfte sich der praktische Nutzen der aufgezeigten Regelungen für im Zeitpunkt der Anklage bzw. Inhaftierung Heranwachsende in Grenzen gehalten haben, wenngleich sie gewissermaßen als Richtungsweiser für das JGG von 1953 fungierten. Letzteres dokumentiert insbesondere der Umstand, dass eine Anfang 1944 im Wege der Geschäftsverteilung erfolgte Erweiterung der Zuständigkeit der Jugendrichter und Jugendkammern zugunsten Heranwachsender[23] nahezu wortgleich im § 105 Abs. 1 Nr. 2 JGG Niederschlag gefunden hat.[24]

C. Das Jugendgerichtsgesetz von 1953

Mit dem JGG von 1953[25] wurden Teile des materiellen Jugendstrafrechts erstmals unter gewissen, in § 105 Abs. 1 JGG in seiner jetzigen Fassung unverändert beibehaltenen Voraussetzungen auch auf Heranwachsende erstreckt. § 105 Abs. 1 Nr. 1 JGG fordert insoweit, dass die Gesamtwürdigung der Persönlichkeit des Täters bei Berücksichtigung auch der Umweltbedingungen ergibt, dass er zur Zeit der Tat nach seiner sittlichen und geistigen Entwicklung noch einem Jugendlichen gleichstand. Nach § 105 Abs. 1 Nr. 2 JGG findet Jugendstrafrecht auch dann Anwendung, wenn es sich nach der Art, den Umständen oder den Beweggründen der Tat um eine Jugendverfehlung handelt.

Der Gesetzgeber wollte mit dieser Lösung sicherstellen, dass geistig und charakterlich normal entwickelte 18- bis einschließlich 20-Jährige grundsätzlich wie Erwachsene behandelt werden.[26] Er blieb damit bewusst hinter der im Laufe des Gesetzgebungsprozesses weiterhin geforderten vollständigen Einbeziehung Heranwachsender zurück. So sah ein Gesetzesentwurf[27] einer Fachtagung zu dem Thema „Stand und Neuordnung der Jugendgerichtsbarkeit" in seinem § 1 die generelle Eingliederung Heranwachsender in das Jugendstrafrecht vor. Lediglich in Ausnahmefällen sollte nach § 2 das allgemeine Strafrecht Anwendung finden; konkret

---

[21] *Thierack*, DJ 1944, 5, 13.

[22] *Wolff*, Jugendliche vor Gericht im Dritten Reich, S. 127.

[23] Ausführungsverordnung des RJM v. 14.01.1944, DJ 1944, 37.

[24] *Wolff*, Jugendliche vor Gericht im Dritten Reich, S. 127.

[25] BGBl. I 1953, S. 751 ff.

[26] BT-Dr. 1/3264, S. 36.

[27] „Gesetz über die Anwendung des Reichsjugendgerichtsgesetzes auf Jugendliche", veröffentlicht in: Hauptjugendamt von Groß-Berlin (Hrsg.), Bericht über die Berliner Tagung vom 22.–26.5.1949, S. 215 f.

ging es dabei um Fälle, in denen „der Jugendliche über 18 Jahre zur Zeit der Tat in seiner geistigen, seelischen oder körperlichen Entwicklung soweit gereift [war], dass er einem 21 Jahre alten Täter gleichgestellt werden kann, oder [...] die Gesamtwürdigung von Persönlichkeit und Tat eine besonders schwere Verletzung der Rechtsordnung erkennen [lässt]". Dass der Gesetzgeber diesem Vorschlag 1953 nicht gefolgt ist, hing mit seinem zweigleisigen Legitimationsmodell für eine Einbeziehung zusammen: Zum einen sah er ein entsprechendes Bedürfnis, weil nach damals neuesten psychologischen Erkenntnissen die sittliche und charakterliche Reifung junger Menschen mit der körperlichen und intellektuellen häufig nicht mehr im Einklang verlief.[28] Zum anderen führte er in vielen Fällen eine entsprechend gestörte Entwicklung allerdings auch auf die besonderen Verhältnisse des Krieges und der Nachkriegszeit zurück.[29] Er stellte daher die optimistische Prognose auf, dass bereits einige Jahre später die in der damaligen Zeit besonders häufig zu beobachtenden Fehlentwicklungen junger Menschen überwunden sein werden.[30] Diese Annahme zugrunde gelegt, wäre über kurz oder lang ein tragender Gesichtspunkt der vermittelnden Lösung des § 105 Abs. 1 JGG entfallen, weshalb eine vollständige Einbeziehung unsachgemäß erschiene. Weiterhin verwies der damalige Ausschuss für Rechtswesen und Verfassungsrecht darauf, dass der weitaus größte Teil der Gewaltkriminalität von Heranwachsenden verübt werde und eine ausschließliche Anwendung von Jugendstrafrecht leicht zu einer Schwächung des Schutzes der Allgemeinheit führen könnte.[31]

Gleichzeitig wurde in der Gesetzesbegründung an mehreren Stellen betont, dass es sich um eine Übergangsregelung handeln solle, man sich der aufgezeigten optimistischen Prognose damit keineswegs sicher sei.[32] Vielmehr wollte man mit Voranschreiten der Nachkriegszeit unter Einbeziehung von neueren „biologische Erkenntnissen"[33] sowie Stellungnahmen aus der Praxis zunächst eine valide Evaluierung dieser Einschätzung gewährleisten, bevor man sich zu einer vollständigen Öffnung entschließt. In der Gesetzesbegründung wird insoweit ausdrücklich ausgeführt: „Erst wenn die Entwicklung der Jugend wieder in normalen Bahnen verläuft, wird man die Frage entscheiden können, ob die neuen biologischen Erkenntnisse ausreichen, um eine vollständige Einbeziehung der Heranwachsenden in das Jugendstrafrecht zu rechtfertigen."[34] An einer anderen Stelle heißt es: „Der Sinn der mit dem Entwurf vorgeschlagenen Regelung liegt darin, zunächst die erste Ausweitung des Jugendstrafrechts in der Praxis zu erproben und Erfahrungen zu sammeln, die eine zuverlässige Beurteilung der Frage gestatten, ob sich eine weitere Ausdehnung

[28] BT-Dr. 1/3264, S. 36.

[29] BT-Dr. 1/3264, S. 36.

[30] BT-Dr. 1/3264, S. 37.

[31] BT-Dr. 1/4437, S. 3.

[32] BT-Dr. 1/3264, S. 36 f.

[33] BT-Dr. 1/3264, S. 37.

[34] BT-Dr. 1/3264, S. 37.

empfiehlt. Sollte sich die Regelung des Entwurfs als unzureichend herausstellen, so steht nichts im Wege, daraus in der geplanten großen Reform des Jugendstrafrechts die notwendigen Folgerungen zu ziehen.".[35]

Wie bereits einleitend dargelegt, ist eine entsprechende Ausdehnung jedoch ausgeblieben – § 105 Abs. 1 JGG wurde bis heute ohne inhaltliche Änderungen beibehalten. Mit Blick auf den aufgezeigten gesetzgeberischen Willen müsste dies darauf zurückzuführen sein, dass die Erfahrungen in der Praxis ergeben hätten, dass sich eine weitere Ausdehnung nicht empfiehlt. Ob ein entsprechendes Reformbedürfnis tatsächlich nicht festgestellt werden konnte, soll im Folgenden unter Aufarbeitung des Diskussionsverlaufs um die strafrechtliche Sonderbehandlung Heranwachsender ab 1953 näher beleuchtet werden.

D. Diskussion um die strafrechtliche Sonderbehandlung Heranwachsender ab 1953

Zur besseren Strukturierung soll die Debatte geordnet nach Akteuren und Vertretern einzelner Ansichten aufgearbeitet werden. Zu Beginn werden die Stellungnahmen der großen deutschen mit dem Jugendstrafrecht befassten Vereinigungen und Verbandstreffen[36] herangezogen, um der Gesetzesbegründung entsprechend eine Einschätzung der Praxis zu ermitteln. Daran anschließend erfolgt eine Aufarbeitung des Meinungsstands in der Wissenschaft. In einem letzten Schritt werden die Forderungen politischer Akteure im Rahmen von Gesetzesentwürfen wiedergegeben und mit der Einschätzung seitens der Praxis und der Wissenschaft verglichen.

I. Standpunkt der mit dem Jugendstrafrecht befassten Vereinigungen und Verbandstreffen

1. Der Deutsche Jugendgerichtstag

Bei dem Deutschen Jugendgerichtstag handelt es sich um eine seit 1909 regelmäßig ausgerichtete Tagung, die dem Austausch aller am Jugendstrafverfahren beteiligten Berufsgruppen dient[37] und daher als besonders repräsentativ für die Praxis erscheint. Diese hat sich immer wieder intensiv mit der Frage der strafrechtlichen Behandlung Heranwachsender beschäftigt und sich diesbezüglich eindeutig positioniert, indem sie regelmäßig eine vollständige Einbeziehung in das Jugendstrafrecht gefordert hat:

---

[35] BT-Dr. 1/3264, S. 37.

[36] Der Deutsche Jugendgerichtstag, die DVJJ und der Deutsche Juristentag.

[37] http://www.dvjj.de/veranstaltungen/jugendgerichtstage, zuletzt abgerufen am 31.10.2020.

So bezeichnete, wie oben dargelegt, bereits der 6. Deutsche Jugendgerichtstag 1924 in seiner Entschließung „die Erstreckung der Grundsätze des neuen Jugendstrafrechts auf die 18–20-jährigen [...] als nächste Aufgabe [...]“[38]. Deutlich vehementer formulierten es die Teilnehmenden des 8. Deutschen Jugendgerichtstages 1950, die „in Anbetracht der besonderen Lage der 18–21 Jährigen Straffälligen [...] deren sofortige Einbeziehung in das Jugendstrafrecht [...] [als] dringendes Bedürfnis“[39] ansahen. Kurz nach Einführung des neuen JGG von 1953 wurde der 10. Jugendgerichtstag sogar unter dem thematischen Schwerpunkt „Die Rechtsbrüche der 18 bis 21 Jährigen Heranwachsenden“ abgehalten, was bereits den praktischen Stellenwert dieser Thematik verdeutlicht. Nach umfassender Auseinandersetzung mit allen relevanten Aspekten kamen die Teilnehmenden zu dem Ergebnis, dass jugendtümliche Züge und Entwicklungsverzögerungen bei Straffälligen dieser Altersgruppe als Regel festgestellt werden könnten und daher *de lege ferenda* eine grundsätzliche Einbeziehung in das Jugendstrafrecht zu fordern sei.[40] Diese These griff auch der 17. Jugendgerichtstag 1977 auf und verabschiedete sie als einzige Plenar-Resolution des Kongresses.[41] Der entsprechende Arbeitskreis I („Entwicklungspsychologie, einschl. Probleme des § 105 JGG“) resümierte, dass eine Anwendung des § 105 Abs. 1 JGG aus rechtlichen, psychologisch-psychiatrischen und soziologischen Aspekten nicht überzeuge, erfahrungswissenschaftlich sogar nicht begründbar sei.[42] Insbesondere sei es entwicklungspsychologisch nicht möglich, das Jugendlichenalter in seinen Charakteristika präzise vom Heranwachsendenalter zu unterscheiden.[43] Ausgehend von diesen wiederkehrenden Befunden stellte *Schüler-Springorum* in seinem Schlussreferat die provokante These auf, dass der Appell an den Gesetzgeber hinsichtlich einer vollständigen Eingliederung Heranwachsender in das Jugendstrafrecht „eigentlich nachgerade zur Gefahr für dessen Trommelfell werden“[44] müsse. Auch in den folgenden Jahrzehnten ließ der Ruf nach einer ausnahmslosen Einbeziehung in das Jugendstrafrecht nicht nach. So wurde er unter Bezugnahme auf soziologische und psychologische Erkenntnisse auf dem 25. Ju-

[38] 6. Deutscher Jugendgerichtstag, in: DVJJ (Hrsg.), Verhandlungen des 6. JGT, S. 56.

[39] Zusammenfassender Bericht über die Verhandlungen des 8. Deutschen Jugendgerichtstages, in: DVJJ (Hrsg.), Neue Wege zur Bekämpfung der Jugendkriminalität, S. 257.

[40] 10. Deutscher Jugendgerichtstag, in: DVJJ (Hrsg.), Die Rechtsbrüche der 18 bis 21 Jährigen Heranwachsenden, S. 161.

[41] 17. Deutscher Jugendgerichtstag, in: DVJJ (Hrsg.), Junge Volljährige im Kriminalrecht, S. 613.

[42] 17. Deutscher Jugendgerichtstag, in: DVJJ (Hrsg.), Junge Volljährige im Kriminalrecht, S. 215.

[43] 17. Deutscher Jugendgerichtstag, in: DVJJ (Hrsg.), Junge Volljährige im Kriminalrecht, S. 215 f.

[44] 17. Deutscher Jugendgerichtstag, in: DVJJ (Hrsg.), Junge Volljährige im Kriminalrecht, S. 613.

gendgerichtstag[45] 2001, auf dem 26. Jugendgerichtstag[46] 2006 und auf dem 30. Jugendgerichtstag[47] 2017 erneuert.

2. Die DVJJ

Die Deutsche Vereinigung für Jugendgerichte und Jugendgerichtshilfe e.V. (DVJJ) ist ein Verein, dessen Mitglieder weitgehend aus dem Bereich der Jugendkriminalrechtspflege stammen. Laut § 2 Abs. 1 ihrer Satzung hat sie das Ziel, die mit der Jugendkriminalität zusammenhängenden Fragen unter Berücksichtigung der wissenschaftlichen Erkenntnisse und praktischen Erfahrungen zu erörtern und ihre Lösung zu fördern. Sie will ein Forum für die fachliche, fachpolitische und öffentliche Diskussion in der Jugendkriminalrechtspflege sowie der Jugendkriminal- und Jugendhilfepolitik sein. In Wahrnehmung dieser Aufgabe hat sich die DVJJ mehrmals mit der Frage nach der strafrechtlichen Behandlung Heranwachsender befasst und dabei ebenso eindeutig positioniert wie die Jugendgerichtstage: Auch sie hat sich stets und mit Nachdruck für eine grundsätzlich vollständige Einbeziehung in das Jugendstrafrecht ausgesprochen.

So bereits 1964 in einer von *Schüler-Springorum* verfassten Denkschrift, welche die Ergebnisse eines von der DVJJ einberufenen „Ausschusses zur Reform des JGG"[48] in folgendem Fazit zusammenfasste: „Somit verblieb allein die Lösung, die Heranwachsenden durchgängig, d.h. ohne Ausnahmen […] dem Jugendkriminalrecht zu unterstellen."[49] Gestützt wurde diese These insbesondere auf die Einschätzung von Psychologen und Psychiatern, die in gerichtlichen Verfahren als Sachverständige zur Beurteilung der Reife eines Heranwachsenden hinzugezogen wurden. Diese fühlten sich in aller Regel mit dem Gutachterauftrag hinsichtlich § 105 Abs. 1 JGG überfordert, da das Alter von 18 Jahren weder biologisch noch medizinisch als Zäsur haltbar sei und ein „Prototyp" des Jugendlichen sich daher

---

[45] 25. Deutscher Jugendgerichtstag, in: DVJJ (Hrsg.), Jugend, Gesellschaft und Recht im neuen Jahrtausend, S. 678.

[46] 26. Deutscher Jugendgerichtstag, in: DVJJ (Hrsg.), Verantwortung für Jugend, S. 552, 569.

[47] 30. Deutscher Jugendgerichtstag, in: DVJJ (Hrsg.), Herein-, Heraus-, Heran- – Junge Menschen wachsen lassen, S. 695 f.

[48] Dieses Gremium bestand größtenteils aus Mitgliedern des Vorstands und des Geschäftsführenden Ausschusses der DVJJ. Letzterer war aus verschiedenen mit der Jugendkriminalrechtspflege betrauten Berufsfeldern (Jugendgerichte, Jugendstaatsanwaltschaft, Jugendstrafvollzug, Rechtsanwaltschaft, Jugendkriminalpolizei, Jugendgerichtshilfe, Freie Jugendwohlfahrt, Heimerziehung, Rechtswissenschaft, Jugendpsychiatrie und Jugendpsychologie) repräsentativ zusammengesetzt. Insgesamt traf sich der Ausschuss 1961 und 1962 dreimal zu mehrtägigen Beratungen, bevor er seine Arbeit am 3. 10. 1962 auf seiner letzten Sitzung abschloss (*Schüler-Springorum*, MschrKrim 1964, 1 (2); *Stolp*, Die geschichtliche Entwicklung des Jugendstrafrechts von 1923 bis heute, S. 163).

[49] *Schüler-Springorum*, MschrKrim 1964, 1 (9).

nicht bestimmen lasse.[50] In der Folge stellten ihre Gutachten lediglich „Scheinexaktheiten“[51] dar. Vor diesem Hintergrund sah der Ausschuss § 105 JGG als eine das Verfahren verzögernde Regelung ohne Mehrwert an, deren Wegfall zu einer beachtlichen Beschleunigung des Jugendstrafprozesses beitragen könne.[52]

Auch in dem folgenden Jahrzehnt befasste sich eine von der DVJJ konstituierte Kommission aus Praktikern und Wissenschaftlern in wiederkehrenden Sitzungen zwischen 1971 und 1977 mit der strafrechtlichen Behandlung Heranwachsender. Die Ergebnisse der Beratungen wurden in einer „Denkschrift über die kriminalrechtliche Behandlung junger Volljähriger“ veröffentlicht.[53] In seiner Empfehlung schloss sich dieses Gremium dem Fazit des „Ausschusses zur Reform des JGG“ an und forderte, „die Heranwachsenden einheitlich dem Jugendstrafrecht zu unterstellen“[54]. Dabei stützte es sich ebenfalls auf die empirischen Schwierigkeiten bei dem Vergleich des Heranwachsenden mit einem „normalen“ Jugendlichen oder Erwachsenen.[55] Aufgrund erheblicher regionaler Schwankungen bei der Anwendung des § 105 Abs. 1 JGG, welche auf das Fehlen eines überzeugenden Wertmaßstabs zurückzuführen seien, zog das Gremium darüber hinaus sogar die Vereinbarkeit dieser Regelung mit dem Gleichbehandlungsgebot in Zweifel.[56] Ferner übte es Kritik an der durch die Tatzeitbezogenheit retrospektiven Sicht, welche den Gutachtern aufgebürdet werde, obwohl sie den humanen Behandlungswissenschaften fremd sei.[57] Schließlich verwies es auch auf kriminologische Studien, welche aufgrund stetig steigender Verurteilungen von Heranwachsenden nach Jugendstrafrecht belegten, dass letzteres in weitem Umfang ein Kriminalrecht für Heranwachsende geworden sei.[58]

Basierend auf den Ergebnissen dieser beiden Denkschriften sowie zahlreicher Jugendgerichtstage setzte die DVJJ 1992 und 2002 je eine Kommission zur Erarbeitung entsprechender Reformvorschläge ein. Sowohl die erste[59] als auch die zweite Kommission[60] befürworteten eine vollständige Einbeziehung Heranwachsender in

---

[50] *Schüler-Springorum*, MschrKrim 1964, 1 (4 f.).

[51] *Schüler-Springorum*, MschrKrim 1964, 1 (5).

[52] *Schüler-Springorum*, MschrKrim 1964, 1 (6).

[53] *DVJJ*, Denkschrift über die kriminalrechtliche Behandlung junger Volljähriger, S. 1 f.

[54] *DVJJ*, Denkschrift über die kriminalrechtliche Behandlung junger Volljähriger, S. 8.

[55] *DVJJ*, Denkschrift über die kriminalrechtliche Behandlung junger Volljähriger, S. 3.

[56] *DVJJ*, Denkschrift über die kriminalrechtliche Behandlung junger Volljähriger, S. 3.

[57] *DVJJ*, Denkschrift über die kriminalrechtliche Behandlung junger Volljähriger, S. 4.

[58] *DVJJ*, Denkschrift über die kriminalrechtliche Behandlung junger Volljähriger, S. 6 f.

[59] Die zuständige Unterkommission IV bestand dabei aus 14 Praktikern und Wissenschaftlern aus dem Bereich des Jugendstrafrechts, vgl. *Erste Jugendstrafrechtsreform-Kommission der DVJJ*, DVJJ-Journal 1992, 4 (27).

[60] Diese setzte sich aus 30 Teilnehmern und Teilnehmerinnen aus allen Berufssparten und Wissenschaftsdisziplinen der Jugendkriminalrechtspflege zusammen, vgl. *Zweite Jugendstrafrechtsreform-Kommission der DVJJ*, DVJJ-Extra Nr. 5 2002, 1.

das Jugendstrafrecht.[61] Zur Begründung wurde erneut auf die entwicklungspsychologische Vergleichbarkeit dieser Gruppe mit derjenigen der Jugendlichen, die verfassungsrechtlichen Bedenken gegen § 105 JGG sowie die Tendenz in der Rechtsprechung, in der überwiegenden Anzahl relevanter Fälle Jugendstrafrecht anzuwenden, verwiesen.[62]

3. Der Deutsche Juristentag

Schließlich befasste sich auch der Deutsche Juristentag auf seiner 64. Tagung im Jahr 2002 mit der Frage nach dem adäquaten strafrechtlichen Umgang mit Heranwachsenden. Laut § 2 Abs. 1 seiner Satzung verfolgt der Deutsche Juristentag e.V. den Zweck, auf wissenschaftlicher Grundlage die Notwendigkeit von Änderungen und Ergänzungen der deutschen und der europäischen Rechtsordnung zu untersuchen, der Öffentlichkeit Vorschläge zur Fortentwicklung des Rechts vorzulegen, auf Rechtsmissstände hinzuweisen und einen lebendigen Meinungsaustausch unter den Juristinnen und Juristen aller Berufsgruppen und Fachrichtungen herbeizuführen. Er wird daher auch häufig als „Bindeglied zwischen Fachöffentlichkeit und Politik“[63] bezeichnet.[64]

Mit Blick auf die jugendstrafrechtlichen Fragestellungen fungierten der Abschlussbericht der 2. Jugendstrafrechtsreform-Kommission der DVJJ und ein von *Albrecht* erstattetes Gutachten zu der Frage „Ist das Deutsche Jugendstrafrecht noch zeitgemäß? Bedarf es und wenn ja welcher Veränderungen?“[65] als Diskussionsgrundlage.[66] In letzterem wurde im Wesentlichen mit den von der Reformkommission bereits angeführten Argumenten für eine vollständige Einbeziehung Heranwachsender plädiert.[67] Dieser Forderung hat sich die zuständige Strafrechtsabteilung in ihren Beschlüssen schließlich mit 33 Ja-Voten zu 25 Gegenstimmen und einer Enthaltung angeschlossen.[68]

---

[61] *Erste Jugendstrafrechtsreform-Kommission der DVJJ*, DVJJ-Journal 1992, 4 (39); *Zweite Jugendstrafrechtsreform-Kommission der DVJJ*, DVJJ-Extra Nr. 5 2002, 1 (3, 10), die sich darüber hinaus sogar für eine teilweise Einbeziehung der sog. „Jungerwachsenen“, also 21- bis einschließlich 23-Jährigen aussprach.

[62] *Zweite Jugendstrafrechtsreform-Kommission der DVJJ*, DVJJ-Extra Nr. 5 2002, 1 (8).

[63] *Ostendorf*, NK 2003, 16.

[64] *Stolp*, Die geschichtliche Entwicklung des Jugendstrafrechts von 1923 bis heute, S. 195.

[65] *Albrecht*, in: Verhandlungen des 64. Deutschen Juristentages, Band I, D 1 ff.

[66] *Stolp*, Die geschichtliche Entwicklung des Jugendstrafrechts von 1923 bis heute, S. 195.

[67] Vgl. *Albrecht*, in: Verhandlungen des 64. Deutschen Juristentages, Band I, D 1 (D 90 ff.).

[68] Ständige Deputation des DJT (Hrsg.), Verhandlungen des 64. Deutschen Juristentages, Band II/1, N 110.

4. Zusammenfassung der Ergebnisse

Zusammenfassend lässt sich festhalten, dass alle großen deutschen mit dem Jugendstrafrecht befassten Vereinigungen und Verbandstreffen sich stets und mit Nachdruck für eine vollständige Einbeziehung Heranwachsender in das Jugendstrafrecht ausgesprochen haben. Die vorgebrachten Argumente lassen sich dabei in verfassungsrechtliche (Unvereinbarkeit mit Art. 3 Abs. 1 GG angesichts der regionalen Schwankungen bei der Anwendung des § 105 Abs. 1 JGG), psychologisch-soziologische (jugendtümliche Züge bei Heranwachsenden als Regelfall, Schwierigkeiten bei der Feststellung eines jugendlichen Prototyps/Vergleichsmaßstabs), kriminologische (stetig steigende Tendenz in der Rechtsprechung, Heranwachsende nach Jugendstrafrecht zu verurteilen) und rein pragmatische (unnötige Verfahrensverzögerung durch u. U. notwendige Sachverständigengutachten) unterteilen. Eine fundierte Auseinandersetzung mit den jeweiligen Begründungsversuchen wird erst im dritten Teil der Arbeit, dem Abschnitt „Die strafrechtliche Behandlung Heranwachsender *de lege ferenda*“ erfolgen.

Hinsichtlich der Ergebnisse der Untersuchung sticht in besonderem Maße die Kontinuität, mit der die in Rede stehende Forderung erhoben wurde, ins Auge: So plädierte der 6. Deutsche Jugendgerichtstag bereits 1924, also kurz nach Einführung des ersten JGG für eine entsprechende Einbeziehung, welche bis heute unablässig von allen relevanten Vereinigungen gefordert wird. Diese setzen sich, wie aufgezeigt, aus den unterschiedlichen mit der Jugendkriminalrechtspflege befassten Berufsgruppen zusammen und können daher als repräsentative Gruppierungen für eine Ermittlung der Positionierung der Praxis fungieren. Mit Blick auf den Willen des Gesetzgebers des JGG von 1953, „eine Ausweitung des Jugendstrafrechts in der Praxis zu erproben“[69], lässt sich die von ihm aufgeworfene Frage, „ob sich eine weitere Ausdehnung empfiehlt“[70], daher zumindest hinsichtlich der Einschätzung der Praxis bejahen. Vor diesem Hintergrund erscheint es auf den ersten Blick erstaunlich, dass eine solche bis heute unterblieben ist.

II. Meinungsstand in der Wissenschaft

Betrachtet man den Meinungsstand in der Literatur, ergibt sich ein nahezu ähnlich eindeutiges Bild wie bei den Vereinigungen und Verbandstreffen: Die überwältigende Mehrheit spricht sich unter Bezugnahme auf die bereits angeführten Argumente für eine vollständige Einbeziehung in das Jugendstrafrecht aus[71], während sich

---

[69] BT-Dr. 1/3264, S. 37.

[70] BT-Dr. 1/3264, S. 37.

[71] Siehe etwa teilweise mit w.N. *Böhm/Feuerhelm*, Einführung in das Jugendstrafrecht, S. 61; *Brauneck*, ZStW 77 (1965), 209 (219); *Höynck/Sonnen*, ZRP 2001, 245 (247); *Kreuzer*, MSchrKrim 1978, 1 (1 ff.); *Ostendorf*, NK 2003, 16 (17); *Pruin*, Die Heranwachsendenrege-

nur vereinzelt Stimmen für eine Beibehaltung der jetzigen Regelung[72] oder gar eine (grundsätzlich) vollständige Eingliederung in das Erwachsenenstrafrecht[73] finden.

Den Gegnern einer vollständigen Einbeziehung in das Jugendstrafrecht ist gemein, dass sie sich u. a. auf den durchschnittlichen Entwicklungsstand der Personengruppe der Heranwachsenden beziehen. So wird von Seiten der Befürworter einer vollständigen Einbeziehung in das allgemeine Strafrecht angeführt, dass „[...] es auch einen 18- bis 20-Jährigen nicht überfordern [dürfte], sich über das Unrecht eines Raubes oder einer Erpressung klar zu werden und sich normgemäß zu verhalten"[74]. Vertreter, die für eine Beibehaltung des § 105 Abs. 1 JGG in seiner jetzigen Fassung plädieren, berufen sich darauf, dass „nicht alle Heranwachsenden [...] sich in einer für die Jugendphase typischen Entwicklung befinden"[75]. Weiterhin wird auch auf den Grundsatz der Einheit der Rechtsordnung verwiesen. Dieser fordere, mit dem Eintritt der Volljährigkeit eine grundsätzlich volle Verantwortungsübernahme, auch im strafrechtlichen Bereich einhergehen zu lassen.[76] Eine tiefergehende Auseinandersetzung mit den jeweiligen Begründungsversuchen wird erst im dritten Teil der Arbeit, dem Abschnitt „Die strafrechtliche Behandlung Heranwachsender *de lege ferenda*" erfolgen.

III. Forderungen politischer Akteure

In einem letzten Schritt sollen die Forderungen und Stellungnahmen politischer Akteure im Rahmen von Gesetzesentwürfen näher untersucht werden, um eventuelle Gründe für das Untätigbleiben des Gesetzgebers zu erschließen. Schließlich findet dessen Wille verstärkt in diesen Dokumenten seinen Niederschlag.

Dabei sticht hervor, dass es insbesondere nach Inkrafttreten des 1. JGGÄndG[77] 1990[78] vermehrt Gesetzesinitiativen gab, die sich für ein Regel-Ausnahmeverhältnis

---

lung im deutschen Jugendstrafrecht, S. 262 f.; *Sonnen*, D/S/S, § 105 Rn. 10; *Streng*, Jugendstrafrecht, Rn. 87; *Walter*, GA 2007, 503 (517).

[72] So etwa *Lütkes/Rose*, ZRP 2003, 472 (473); *Meier/Bannenberg/Höffler*, Jugendstrafrecht, § 5 Rn. 30.

[73] So etwa *Kusch*, NStZ 2006, 65 (67); *Pflieger*, SchlHA 1999, 88; für ein Regel-Ausnahmeverhältnis zugunsten des allgemeinen Strafrechts etwa *Hinz*, ZRP 2001, 106 (109 f.).

[74] *Kusch*, NStZ 2006, 65 (67).

[75] *Meier/Bannenberg/Höffler*, Jugendstrafrecht, § 5 Rn. 30.

[76] *Kusch*, NStZ 2006, 65 (67).

[77] BGBl. I 1990, S. 1853 ff.

[78] Dieses verhielt sich selbst nicht zu der strafrechtlichen Behandlung Heranwachsender. Vielmehr wurde dieser Themenkomplex auf die Agenda eines geplanten Zweiten Änderungsgesetzes gesetzt (vgl. Stenographischer Bericht des Deutschen Bundestages, 11. Wahlperiode, 216. Sitzung, in: BT-Dr. 11/216, S. 17091 (C); *Stolp*, Die geschichtliche Entwicklung des Jugendstrafrechts von 1923 bis heute, S. 187 f.). Letzteres (BGBl. I 2007, S. 2894 ff.), welches 2007 in Kraft trat, klammerte diese Fragestellung jedoch erneut aus.

zugunsten des allgemeinen Strafrechts aussprachen.[79] Alle diese Anträge sind – wie man dem unverändert beibehaltenen § 105 Abs. 1 JGG entnehmen kann – im Ergebnis gescheitert. Dennoch lassen sie eine klar restriktive Linie vieler politischer Akteure erkennen.

Mit Blick auf die bisher gewonnenen Erkenntnisse erstaunt die Forderung einer grundsätzlichen Eingliederung in das Erwachsenenstrafrecht. Sie läuft den Einschätzungen aller mit dem Jugendkriminalrecht befassten zentralen Vereinigungen sowie der breiten Auffassung in der Literatur zuwider.

Betrachtet man die Begründungen der jeweiligen Anträge genauer, lassen sich im Wesentlichen drei Argumentationslinien festmachen: Erstens müsse mit dem Eintritt der Volljährigkeit eine vollständige Übernahme der Rechte und Pflichten eines mündigen Bürgers einhergehen.[80] Zweitens entspräche die regelmäßige Anwendung des allgemeinen Strafrechts auf Heranwachsende dem Willen des Gesetzesgebers.[81] Schließlich wird auch auf die sich gravierend unterscheidende Anwendungspraxis in den einzelnen Bundesländern verwiesen, welche der Bevölkerung nicht mehr vermittelbar sei.[82]

Darüber hinaus lohnt sich auch ein Blick auf die generellen Gründe für die Einbringung der Entwürfe. So wird zumeist auf zunehmende Gefahren, die jedenfalls auch von jungen Menschen ausgehen sollen, verwiesen: „Sorge über die Zunahme der Kriminalität in Deutschland“[83], „stetiger Anstieg der Jugendkriminalität“[84], „registrierte Jugendkriminalität, insbesondere die Gewaltkriminalität, [ist] stark angestiegen“[85], „Schutz der Bevölkerung vor gefährlichen jungen Gewalttätern“[86]. Vor diesem Hintergrund schien man mit den Initiativen jedenfalls auch auf einen

[79] Entschließung des Bundesrates, BR-Dr. 580/97; Bayerischer Gesetzesantrag zur Erweiterung des strafrechtlichen Sanktionssystems, BR-Dr. 449/99; Gesetzesantrag Baden-Württemberg, BR-Dr. 312/03; Gesetzesantrag der Länder Sachsen, Bayern, Hessen, Niedersachsen und Thüringen, BR-Dr. 238/04; Gesetzesantrag der Freistaaten Bayern und Thüringen, BR-Dr. 276/05; Gesetzesantrag des Landes Hessen, BR-Dr. 888/05; Entschließung des Bundesrates, BR-Dr. 77/08.

[80] So etwa Bayerischer Gesetzesantrag zur Erweiterung des strafrechtlichen Sanktionssystems, BR-Dr. 449/99, S. 12; Gesetzesantrag Baden-Württemberg, BR-Dr. 312/03, S. 6.

[81] So etwa Bayerischer Gesetzesantrag zur Erweiterung des strafrechtlichen Sanktionssystems, BR-Dr. 449/99, S. 12; Gesetzesantrag Baden-Württemberg, BR-Dr. 312/03, S. 6; Gesetzesantrag der Länder Sachsen, Bayern, Hessen, Niedersachsen und Thüringen, BR-Dr. 238/04, S. 22; Gesetzesantrag des Landes Hessen, BR-Dr. 888/05, S. 27.

[82] So etwa Bayerischer Gesetzesantrag zur Erweiterung des strafrechtlichen Sanktionssystems, BR-Dr. 449/99, S. 12; Gesetzesantrag Baden-Württemberg, BR-Dr. 312/03, S. 6; Gesetzesantrag der Freistaaten Bayern und Thüringen, BR-Dr. 276/05, S. 2.

[83] Entschließung des Bundesrates, BR-Dr. 580/97, S. 2.

[84] Gesetzesantrag Baden-Württemberg, BR-Dr. 312/03, S. 1.

[85] Gesetzesantrag der Länder Sachsen, Bayern, Hessen, Niedersachsen und Thüringen, BR-Dr. 238/04, S. 1.

[86] Gesetzesantrag der Freistaaten Bayern und Thüringen, BR-Dr. 276/05, S. 1.

Kriminalitätsanstieg bei jungen Menschen reagieren, mithin kriminalpolitische Ziele verfolgen zu wollen.[87]

IV. Zwischenergebnis

Die Aufarbeitung der Diskussion um die strafrechtliche Sonderbehandlung Heranwachsender ab 1953 hat das Bild einer sich eklatant auseinander entwickelnden Positionierung zwischen Praxis und Wissenschaft auf der einen und einer Vielzahl politischer Akteure auf der anderen Seite ergeben. Während erstere sich kontinuierlich und insbesondere unter Bezugnahme auf psychologische und soziologische Erkenntnisse für eine Einbeziehung in das Jugendstrafrecht aussprachen, wurden von Seiten der Politik wiederkehrend (u.a. kriminalpolitisch geleitete) Gesetzesentwürfe für ein Regel-Ausnahme-Verhältnis zugunsten des allgemeinen Strafrechts eingebracht.

E. Zusammenfassung der Ergebnisse der historischen Untersuchung

Die Untersuchung der Entwicklung der strafrechtlichen Behandlung Heranwachsender hat gezeigt, dass es sich bis zur Einführung des § 105 Abs. 1 JGG 1953 um einen absehbaren Schritt handelte. So hatte bereits der Gesetzgeber des ersten JGG von 1923 die Personengruppe der Heranwachsenden im Rahmen der Verfahrensnorm des § 17 Abs. 2 JGG a.F. prozessual berücksichtigt. Trotz vorhandener Einfallstore für von der NS-Ideologie getragene Ausnahmen (vgl. z.B. § 20 RJGG) wurde diese prozessuale Einbeziehung auch vom Gesetzgeber des RJGG von 1943 geteilt. Er ging sogar in verschiedenen Verfahrensnormen über die noch zaghafte Einbeziehung im Rahmen des ersten JGG hinaus. Letztlich mündete diese Entwicklung in der materiell-rechtlichen Einbeziehung nach § 105 Abs. 1 JGG, der als vermittelnde Lösung einen mühsam gefundenen Kompromiss darstellte. In der Gesetzesbegründung wurden mehrmals der provisorische Charakter dieser Norm und die Notwendigkeit einer Erprobung in der Praxis hervorgehoben. Von deren Einschätzung sowie neueren „biologischen Erkenntnissen" sollte eine – bereits 1953 weit verbreitet geforderte – vollständige Einbeziehung Heranwachsender in das Jugendstrafrecht abhängig gemacht werden.

Dass eine solche bis heute ausgeblieben ist, lässt sich mit Blick auf den ursprünglichen gesetzgeberischen Willen nicht plausibel erklären. Wie aufgezeigt, hat sich seit 1953 nämlich sowohl die Praxis als auch die Wissenschaft mit überwältigender Mehrheit für eine Einbeziehung ausgesprochen. Dennoch wurden von Seiten

[87] So auch *Sonnen*, D/S/S, § 105 Rn. 10, der u.a. „Gewalt und Extremismus" als Gründe der jeweiligen (von ihm in der Sache abgelehnten) Entwürfe ausmacht.

politischer Akteure hierzu in regelmäßigen Zeitabständen konträre Gesetzesentwürfe eingebracht, die ein Regel-Ausnahme-Verhältnis zugunsten des allgemeinen Strafrechts vorsahen.

Letztlich hat sich also bis 1953 eine kontinuierliche Entwicklung abgezeichnet, die – bei konsequenter Fortführung – in einer vollständigen Einbeziehung Heranwachsender in das Jugendstrafrecht hätte münden müssen. Eine ausführliche Erörterung dieser Option *de lege ferenda* erscheint daher angezeigt und wird unter Bezugnahme auf die hier gefundenen Ergebnisse im dritten Teil der Arbeit erfolgen.

Zweiter Teil

Die Voraussetzungen des § 105 Abs. 1 JGG

Gem. § 105 Abs. 1 JGG wendet der Richter die für einen Jugendlichen geltenden Vorschriften der §§ 4 bis 8, 9 Nr. 1, §§ 10, 11 und 13 bis 32 entsprechend an, sofern ein Heranwachsender eine Verfehlung begeht, die nach den allgemeinen Vorschriften mit Strafe bedroht ist, und

1. die Gesamtwürdigung der Persönlichkeit des Täters bei Berücksichtigung auch der Umweltbedingungen ergibt, dass er zur Zeit der Tat nach seiner sittlichen und geistigen Entwicklung noch einem Jugendlichen gleichstand, oder
2. es sich nach der Art, den Umständen oder den Beweggründen der Tat um eine Jugendverfehlung handelt.

A. Gemeinsame Voraussetzungen der Nr. 1 und Nr. 2

Das Gesetz differenziert damit in Nr. 1 und Nr. 2 zwischen den zu erfüllenden Voraussetzungen. In beiden Fällen muss jedoch ein Heranwachsender eine Verfehlung begehen, die nach den allgemeinen Vorschriften mit Strafe bedroht ist.

I. Heranwachsender

Nach § 1 Abs. 2 JGG ist Heranwachsender, wer zur Zeit der Tat achtzehn, aber noch nicht einundzwanzig Jahre alt ist. Die Zeit der Tat ist gem. § 2 Abs. 2 JGG, §§ 10, 8 StGB die Zeit des tatbestandsmäßigen Verhaltens. Damit spielt es für die Eröffnung des materiellen Anwendungsbereichs des JGG keine Rolle, wie alt der Angeklagte im Zeitpunkt der Aburteilung ist.

II. Verfehlung, die nach den allgemeinen Vorschriften mit Strafe bedroht ist

Unter einer Verfehlung, die nach den allgemeinen Vorschriften mit Strafe bedroht ist, ist nur eine strafrechtswidrige Tat zu verstehen. Schuldhaft braucht sie nicht begangen zu sein, da § 105 Abs. 1 JGG auch auf § 7 JGG verweist, der die Anordnung der Maßregeln der §§ 63, 64 StGB bei Schuldunfähigkeit zulässt.[88] Ordnungswidrigkeiten nach § 1 Abs. 1 OWiG, die lediglich mit Geldbuße bedroht sind, stellen keine Verfehlungen in diesem Sinne dar.

B. Spezielle Voraussetzungen des § 105 Abs. 1 Nr. 1 JGG: Das Einem-Jugendlichen-Gleichstehen in der sittlich-geistigen Entwicklung

Nach § 105 Abs. 1 Nr. 1 JGG muss die Gesamtwürdigung der Persönlichkeit des Täters bei Berücksichtigung auch der Umweltbedingungen ergeben, dass er zur Zeit der Tat nach seiner sittlichen und geistigen Entwicklung noch einem Jugendlichen gleichstand. Mit der geistigen Entwicklung wird der intellektuelle und mit der sittlichen der seelisch-charakterliche Reifegrad erfasst.[89] Dabei ist die Formulierung „nach seiner sittlichen und geistigen Entwicklung" so zu verstehen, dass die sittlich-geistige Entwicklung im Ganzen gemeint ist.[90] Es genügt also, dass der Heranwachsende entweder in seiner sittlichen oder in seiner geistigen Entwicklung einem Jugendlichen gleich steht. Nur so kann man dem Problem der Reifungsdisharmonie, mithin dem Umstand, dass die Entwicklung auf diesen zwei Ebenen nicht im Gleichklang verläuft, gerecht werden.[91] Fraglich ist allerdings, wie der Begriff des „Jugendlichen", dem der Heranwachsende gleichstehen muss, zu bestimmen ist. Dies soll im Folgenden im Wege der Auslegung ermittelt werden.

I. Wortlautauslegung

Ausgangspunkt jedweder Auslegung ist der Wortlaut der Norm, häufig auch als „grammatikalische Auslegung" bezeichnet.[92] Dieses Kriterium lässt sich aus dem Bestimmtheitsgrundsatz herleiten, welcher allgemein im Rechtsstaatsprinzip und speziell im Strafrecht in Art. 103 II GG verankert ist.[93] Danach müssen Normen derart bestimmt formuliert sein, dass der Bürger die Rechtslage erkennen und sein Verhalten nach dieser ausrichten kann.[94] Um dies zu gewährleisten, erscheint es

---

[88] *Schlehofer*, BeckOK-JGG, § 105 Rn. 3.

[89] *Beulke/Swoboda*, Jugendstrafrecht, Rn. 200.

[90] *Schlehofer*, BeckOK-JGG, § 105 Rn. 9.

[91] BGH NJW 1956, 1408; *Eisenberg/Kölbel*, JGG, § 105 Rn. 16; *Sonnen*, D/S/S, § 105 Rn. 14; *Streng*, Jugendstrafrecht, Rn. 73.

[92] *Larenz/Canaris*, Methodenlehre der Rechtswissenschaft, S. 141; *Rüthers/Fischer/Birk*, Rechtstheorie, Rn. 731.

[93] *Schlehofer*, JuS 1992, 572 (573).

[94] BVerfGE 13, 153 (160 f.); 48, 210 (222); 78, 205 (226); *Grzeszick*, Maunz-Dürig, Art. 20 VII Rn. 58 ff.

sachgerecht, die Auslegung an den „natürlichen Wortsinn“ zu binden, d.h. an diejenige Bedeutung, die dem Wort im allgemeinen Sprachgebrauch zugeschrieben wird.[95] Zur Ermittlung dieses allgemeinen Sprachgebrauchs ist es zulässig und zweckdienlich, auf ein Wörterbuch der deutschen Sprache zurückzugreifen.[96] Existieren Legaldefinitionen als Präzisierungen des gesetzlichen Sprachgebrauchs, so sind diese vorrangig heranzuziehen.[97]

1. Bezugnahme auf die Legaldefinition in § 1 Abs. 2 JGG

Vor diesem Hintergrund erscheint es naheliegend, die Legaldefinition des Jugendlichen aus § 1 Abs. 2 JGG heranzuziehen und zu prüfen, ob der Delinquent nach seiner sittlichen und geistigen Entwicklung einem Vierzehn-, aber noch nicht Achtzehnjährigen gleichstand.[98]

Die h.M. lehnt eine Bezugnahme auf die Legaldefinition des § 1 Abs. 2 JGG jedoch ab. Sie verweist darauf, dass das Jugendalter als Entwicklungsabschnitt nicht durch starre Altersgrenzen bestimmt und ein klar abgrenzbarer Typ des Jugendlichen, mit welchem der Heranwachsende verglichen werden könnte, nicht feststellbar sei.[99] Stattdessen wird auf die individuelle Persönlichkeitsentwicklung abgestellt und geprüft, ob es sich um einen ungefestigten, noch prägbaren Menschen handelt, bei dem Entwicklungskräfte noch in größerem Umfang wirksam sind.[100]

Diese Argumentation ist jedoch widersprüchlich. So wird einerseits gegen die Heranziehung der Legaldefinition aus § 1 Abs. 2 JGG eingewandt, dass ein klar abgrenzbarer Typ des Jugendlichen als Vergleichsmaßstab nicht feststellbar sei. Gleichzeitig wird aber mit dem Erfordernis eines ungefestigten, noch prägbaren Menschen, bei dem Entwicklungskräfte noch in größerem Umfang wirksam sind, ein materielles Kriterium postuliert, welches das Merkmal des Einem-Jugendlichen-Gleichstehens ausfüllen soll. Darin zeigt sich letztlich, dass ein Jugendlicher sich nach dieser Ansicht maßgeblich durch eine fehlende Festigung, Prägbarkeit sowie das Wirken von Entwicklungskräften auszeichnet. Dann ist jedoch die Annahme, ein

---

[95] *Larenz/Canaris*, Methodenlehre der Rechtswissenschaft, S. 141; *Schlehofer*, JuS 1992, 572 (573).

[96] *Rüthers/Fischer/Birk*, Rechtstheorie, Rn. 738.

[97] *Larenz/Canaris*, Methodenlehre der Rechtswissenschaft, S. 142; *Wank*, Die Auslegung von Gesetzen, S. 19 f.

[98] So auch *Laue*, MüKo-StGB, § 105 JGG Rn. 16; *Schlehofer*, BeckOK-JGG, § 105 Rn. 5 f.

[99] BGHSt 36, 37 (40); BGH NStZ 2013, 289; *Brunner/Dölling*, § 105 Rn. 4; *Laubenthal/Baier/Nestler*, Jugendstrafrecht, Rn. 89; *Meier/Bannenberg/Höffler*, Jugendstrafrecht, § 5 Rn. 22; *Beulke/Swoboda*, Jugendstrafrecht, Rn. 202; *Streng*, Jugendstrafrecht, Rn. 74; *Sonnen*, D/S/S, § 105 Rn. 15.

[100] BGHSt 36, 37 (40); BGH NStZ 2013, 289; *Brunner/Dölling*, § 105 Rn. 4; *Laubenthal/Baier/Nestler*, Jugendstrafrecht, Rn. 89; *Meier/Bannenberg/Höffler*, Jugendstrafrecht, § 5 Rn. 22; *Beulke/Swoboda*, Jugendstrafrecht, Rn. 202; *Streng*, Jugendstrafrecht, Rn. 74; *Sonnen*, D/S/S, § 105 Rn. 15.

Vergleichsmaßstab als solcher existiere nicht, unzutreffend. Sie läuft vielmehr der gesetzgeberischen Konzeption zuwider, die einen solchen in Anbetracht der expressis verbis formulierten Voraussetzung des Einem-Jugendlichen-Gleichstehens als existent erachtet. Die Argumentation gegen die Heranziehung der Legaldefinition aus § 1 Abs. 2 JGG vermag insofern nicht zu überzeugen. Es erscheint viel naheliegender, dass innerhalb eines Gesetzes verwendete Begrifflichkeiten sich – soweit solche vorhanden sind – auf die in diesem Gesetz verorteten Legaldefinitionen beziehen. Darüber hinaus verkennt die h.M. wesentliche systematische Wertungen, wenn sie gegen die Heranziehung formaler Altersgrenzen per se argumentiert. Gerade weil es in der sittlich-geistigen Entwicklung keine klaren Einschnitte gibt, die durch feste Altersgrenzen markiert sind, hat der Gesetzgeber die Zäsuren für das Strafrecht formalisiert.[101] Das wird zum einen an § 19 StGB deutlich, der unabhängig vom tatsächlichen Entwicklungsstand unwiderlegbar vermutet, dass dem noch nicht 14-Jährigen die schuldbegründende Fähigkeit fehlt, das Unrecht der Tat einzusehen und nach dieser Einsicht zu handeln. Auf der anderen Seite wird einem 21-Jährigen von Gesetzes wegen unterstellt, dass er diese Fähigkeit besitzt, sofern nicht Schuldausschließungs- oder Entschuldigungsgründe greifen. Diesen formalen Grenzziehungen entspricht es, auch die Grenzen zwischen Heranwachsenden, die Jugendlichen gleichstehen, und solchen, die ihnen nicht gleichstehen, im Ausgangspunkt formal zu ziehen.[102] Weiterhin gehen einzelne Vertreter der h.M. in sich unstimmig vor, wenn sie bei § 3 S. 1 JGG, der die Verantwortlichkeit, mithin Schulfähigkeit[103] eines Jugendlichen regelt, davon ausgehen, dass es einen Durchschnittstypus des Jugendlichen gebe, nach dem sich die schuldbegründende Reife bemesse[104], einen solchen im Rahmen des § 105 Abs. 1 Nr. 1 JGG jedoch dementieren.[105]

Im Ausgangspunkt erweist sich für die Bestimmung des „Jugendlichen" i.S.d. § 105 Abs. 1 Nr. 1 JGG somit die Legaldefinition in § 1 Abs. 2 JGG als maßgeblich. Der Heranwachsende muss danach in seiner sittlich-geistigen Entwicklung einem Vierzehn-, aber noch nicht Achtzehnjährigen gleichstehen. Damit ist der Vergleichsmaßstab jedoch noch nicht ausreichend bestimmt.[106] Es gilt zu klären, wodurch sich der sittlich-geistige Entwicklungsstand eines Jugendlichen in diesem Sinne auszeichnet.

---

[101] *Schlehofer*, BeckOK-JGG, § 105 Rn. 6.

[102] *Schlehofer*, BeckOK-JGG, § 105 Rn. 6.

[103] Vgl. *Schlehofer*, BeckOK-JGG, § 3 Rn. 2 m.w.N.

[104] So etwa *Diemer*, D/S/S, § 3 Rn. 14.

[105] *Schlehofer*, BeckOK-JGG, § 105 Rn. 6.

[106] *Laue*, MüKo-StGB, § 105 JGG Rn. 17.

2. Allgemeinsprachliche Bedeutung des Begriffs „Jugendlicher"

Aufschluss hierüber könnte der allgemeinsprachliche Wortsinn des Begriffs „Jugendlicher" geben. Laut *Duden* handelt es sich bei diesem um eine Person im Jugendalter.[107] Die Jugend wird als Entwicklungszeit, mithin als erste Wachstumsphase eines Lebewesens auf dem Weg zur vollen Entwicklung verstanden.[108] Entwicklungszeit wird wiederum als ein Synonym für die Pubertät gebraucht[109], welche durch einen Reifungsprozess[110] geprägt ist, mithin durch eine Phase, in der man typischerweise innerlich gefestigter wird[111]. Nach dem allgemeinsprachlichen Wortsinn ist es das Wesensmerkmal eines Jugendlichen, dass er sich in einem Prozess der innerlichen Festigung befindet. Der Wortlaut vermag damit das Kriterium eines ungefestigten, noch prägbaren Menschen, wie es die h.M. postuliert, zu stützen.

Weiterhin streitet diese allgemeinsprachliche Bedeutung dafür, dass bei einem Heranwachsenden, der einem Jugendlichen i.S.d. § 105 Abs. 1 Nr. 1 JGG gleichsteht, noch Entwicklungskräfte wirken müssen. Denn andernfalls wäre ein „Prozess" im Sinne eines Fortschritts nicht möglich. Wenngleich diese Deutung nicht zwingend ist, da man allgemeinsprachlich auch dann noch von einem Jugendlichen sprechen kann, wenn keine Entwicklungskräfte mehr wirken, entspricht sie doch dem regelmäßigen Sprachgebrauch. Ausgehend vom Wortlaut lässt sich somit auch ein Argument für das Erfordernis des Wirkens von Entwicklungskräften in größerem Umfang, das die h.M. zusätzlich postuliert[112] und das innerhalb dieser teilweise sogar als das maßgebliche Element der Definition erachtet wird, entwickeln. Auf Grundlage dieses Erfordernisses hat sich eine umstrittene Rechtsprechung gefestigt, wonach § 105 Abs. 1 Nr. 1 JGG bei abgeschlossenem Entwicklungsstand nicht zur Anwendung kommen könne, selbst wenn der Heranwachsende in seiner sittlich-geistigen Entwicklung einem Jugendlichen gleichsteht[113]. Es geht beispielsweise um Fallkonstellationen, in denen eine weitere Entwicklung wegen (leichten) Schwachsinns[114], psychopathischer Willensschwäche[115] oder schweren Persönlich-

[107] https://www.duden.de/rechtschreibung/Jugendlicher, zuletzt abgerufen am 31. 10. 2020.

[108] https://www.duden.de/rechtschreibung/Jugend, zuletzt abgerufen am 31. 10. 2020.

[109] https://www.duden.de/rechtschreibung/Entwicklungszeit, zuletzt abgerufen am 31. 10. 2020.

[110] https://www.duden.de/rechtschreibung/Pubertaet, zuletzt abgerufen am 31. 10. 2020.

[111] https://www.duden.de/rechtschreibung/reifen_heranreifen_wachsen_entwickeln, zuletzt abgerufen am 31. 10. 2020.

[112] BGHSt 36, 37 (40); BGH NStZ 2013, 289; *Brunner/Dölling*, § 105 Rn. 4; *Laubenthal/Baier/Nestler*, Jugendstrafrecht, Rn. 89; *Meier/Bannenberg/Höffler*, Jugendstrafrecht, § 5 Rn. 22; *Beulke/Swoboda*, Jugendstrafrecht, Rn. 202; *Streng*, Jugendstrafrecht, Rn. 74; *Sonnen*, D/S/S, § 105 Rn. 15.

[113] BGH NJW 1968, 1195 (1195 f.); NStZ 2002, 204 (206); NStZ-RR 2003, 186 (187 f.); OLG Köln NStZ-RR 2011, 288 (288 f.); OLG Karlsruhe GA 1980, 151; AG Kiel NJW 1956, 35.

[114] BGH NJW 1968, 1195; OLG Köln NStZ-RR 2011, 288.

[115] AG Kiel NJW 1956, 35.

keitsstörungen, die in erheblicher Gewaltdelinquenz zum Ausdruck kommen,[116] nicht mehr erwartet werden kann. Auch wenn die Rechtsprechung das Problem durch ihre Einschätzung, die Prognose einer völligen Entwicklungsunfähigkeit könne nur ausnahmsweise mit Sicherheit gestellt werden,[117] entschärft hat, ist sie mit ihrer Rechtsansicht erheblicher Kritik von Seiten der Wissenschaft ausgesetzt[118]. Dabei wird jedoch häufig nicht ausreichend berücksichtigt, dass in derartigen Fallkonstellationen eine differenzierende Betrachtung geboten ist. Soweit das Defizit in der sittlich-geistigen Entwicklung allein aus einem der in § 20 StGB genannten Gründe resultiert, soll nach einer Ansicht – unabhängig davon, ob die Entwicklung des Heranwachsenden bereits abgeschlossen ist – die Anwendung des § 105 Abs. 1 Nr. 1 JGG ausscheiden.[119] Zur Begründung wird auf den systematischen Kontext mit den Rechtsfolgen des § 105 Abs. 1 JGG, konkret die Anwendung von Vorschriften, die für Jugendliche i.S.d. § 1 Abs. 2 JGG gelten, verwiesen.[120] Diese treffen keine Spezialregelungen für krankhafte seelische Störungen, vielmehr verweisen die §§ 2 Abs. 2; 7 Abs. 1 JGG auf die allgemeinen Vorschriften der §§ 20, 63 StGB.[121] Die Anwendung des § 105 Abs. 1 Nr. 1 JGG soll bei Vorliegen einer krankhaften seelischen Störung i.S.d. § 20 StGB nur dann zulässig sein, wenn nicht diese, sondern die Reifedefizite des Heranwachsenden die Gleichstellung mit einem Jugendlichen in der sittlich-geistigen Entwicklung begründen.[122] Fraglich ist, ob aus der Verweisung in den §§ 2 Abs. 2; 7 Abs. 1 JGG tatsächlich die Konsequenz gezogen werden kann, dass in der erstgenannten Fallkonstellation eine Anwendung des § 105 Abs. 1 Nr. 1 JGG ausgeschlossen ist. So könnte man auch umgekehrt gerade aus der Verweisung auf § 7 Abs. 1 JGG schließen, dass auch bei einem Heranwachsenden, der einem Jugendlichen i.S.d. § 105 Abs. 1 Nr. 1 JGG nur aufgrund einer krankhaften seelischen Störung i.S.d. § 20 StGB gleichsteht, die Anwendung der §§ 20, 63 StGB über eben diese Verweisung erfolgen soll. In jedem Fall offenbart sich darin aber auch schon der Grund dafür, dass solche Fallkonstellationen de facto in der Diskussion vernachlässigt werden können: Sofern nämlich die Voraussetzungen der §§ 20, 63 StGB einschlägig sind, drohen dem Delinquenten sowohl nach dem Jugendstrafrecht als auch dem allgemeinen Strafrecht dieselben rechtlichen Konsequenzen. Deutlich entscheidungsrelevanter sind Konstellationen, in denen kein Fall der §§ 20, 63 StGB vorliegt. So waren die Sachverhalte in einigen der zugrunde-

---

116 BGH NStZ 2002, 204; NStZ-RR 2003, 186.

117 BGH NStZ 2002, 204 (206); NStZ-RR 2003, 186 (187 f.); OLG Köln NStZ-RR 2011, 288 (289).

118 Siehe etwa *Kudlich*, JuS 2002, 1164 (1167 f.); *Laue*, MüKo-StGB, § 105 JGG Rn. 26 f.; *Ostendorf*, NK-JGG, § 105 Rn. 8; *Beulke/Swoboda*, Jugendstrafrecht, Rn. 212; *Streng*, Jugendstrafrecht, Rn. 79; *Walter*, NStZ 2002, 208 (209); *Zieger/Nöding*, Verteidigung in Jugendstrafsachen, Rn. 101; aus psychologischer Sicht *Wegener*, MSchrKrim 1960, 147 ff.

119 *Schlehofer*, BeckOK-JGG, § 105 Rn. 9.6.

120 *Schlehofer*, BeckOK-JGG, § 105 Rn. 9.6.

121 *Schlehofer*, BeckOK-JGG, § 105 Rn. 9.6.

122 *Schlehofer*, BeckOK-JGG, § 105 Rn. 9.7.

liegenden Entscheidungen ausgestaltet.[123] Mit Blick auf solche Fallkonstellationen soll das zusätzliche Kriterium des Wirkens von Entwicklungskräften im weiteren Verlauf der Auslegung einer kritischen Begutachtung unterzogen werden.

3. Gesetzesformulierung: „[...] nach seiner sittlichen und geistigen *Entwicklung noch* einem Jugendlichen gleichstand[...]"

Aus dem Wortlaut des § 105 Abs. 1 Nr. 1 JGG, konkret aus der Formulierung „[...] nach seiner sittlichen und geistigen *Entwicklung noch* einem Jugendlichen gleichstand [...]" könnte man jedoch zunächst ein weiteres Argument für das Erfordernis des Wirkens von Entwicklungskräften in größerem Umfang gewinnen. Insbesondere die Rechtsprechung legt diese Passage dahingehend aus, dass eine weitere sittlich-geistige Entwicklung des Delinquenten zu erwarten sein muss.[124] Diese Deutung ist jedoch nicht zwingend. So ließe sich in dem Wort „noch" auch lediglich eine Illustration der gesetzgeberischen Vorstellung erblicken, dass Heranwachsende grundsätzlich ihrem Alter entsprechend weiter fortgeschritten sind als Jugendliche, weshalb Nr. 1 denjenigen dem Jugendstrafrecht unterstellt, dessen Reife trotz seines fortgeschrittenen Alters „noch" auf dem Stand eines Jugendlichen ist.[125] Diesbezüglich ist die Auslegung nach dem Wortlaut folglich nicht eindeutig.

4. Zwischenergebnis: „Ungefestigter, noch prägbarer Mensch, bei dem Entwicklungskräfte noch in größerem Umfang wirksam sind"

Die Wortlautauslegung hat ergeben, dass im Ausgangspunkt die Legaldefinition des Jugendlichen in § 1 Abs. 2 JGG maßgeblich ist. Insoweit bedarf es jedoch einer näheren Konkretisierung der Umstände, durch welche sich der geistig-sittliche Entwicklungsstand eines Jugendlichen i.S.d. Norm auszeichnet. Bezieht man den allgemeinsprachlichen Wortsinn des Begriffs „Jugendlicher" sowie die Formulierung „[...] nach seiner sittlichen und geistigen *Entwicklung noch* einem Jugendlichen gleichstand [...]" in § 105 Abs. 1 Nr. 1 JGG mit ein, so streitet einiges für eine Konkretisierung über das Erfordernis eines ungefestigten, noch prägbaren Menschen, bei dem Entwicklungskräfte noch in größerem Umfang wirksam sind.

---

[123] BGH NJW 1968, 1195 f.; NStZ 2002, 204 ff.; NStZ-RR 2003, 186 ff.; AG Kiel NJW 1956, 35.

[124] BGH NJW 1968, 1195; NStZ 2002, 204 (206); generell zustimmend *Laubenthal/Baier/Nestler*, Jugendstrafrecht, Rn. 91 sowie zumindest mit Blick auf dieses Wortlautargument *Kudlich*, JuS 2002, 1164 (1167).

[125] *Laue*, MüKo-StGB, § 105 Rn. 27.

5. Präzisierung des Merkmals „Ungefestigt“

Insoweit bedarf es allerdings noch einer Präzisierung des Merkmals „ungefestigt“. Nach allgemeinem Sprachgebrauch zeichnet sich ein ungefestigter Mensch dadurch aus, dass er unbeständig,[126] mithin in seinem Wesen nicht gleichbleibend, sondern vielmehr wechselhaft ist[127]. Im Kerngehalt stellt die h.M. bei der näheren Bestimmung jedoch auf eine unausgereifte Persönlichkeit im Ganzen ab. Sie orientiert sich an dem Idealbild eines reifen Erwachsenen.[128] Der Heranwachsende stehe einem Jugendlichen nämlich nicht mehr gleich, sofern er „die einen jungen Erwachsenen kennzeichnende Ausformung erfahren“[129] habe. Dies erscheint legitim, da man „ungefestigt“ auch im Sinne von (mit Blick auf die Persönlichkeit) „unausgereift“, „noch nicht die Ausformung eines Erwachsenen erfahrend“ verstehen kann. Fraglich ist allerdings, wodurch sich eine ausgereifte Persönlichkeit auszeichnet, mithin was einen reifen Erwachsenen ausmacht. Kritiker des § 105 Abs. 1 Nr. 1 JGG halten der Norm insoweit entgegen, dass sie durch ihre Bezugnahme auf einen Idealtypus des Jugendlichen in Abgrenzung zum Erwachsenen als Einfallstor für Überzeugungen und subjektive Wertungen einzelner Rechtsanwender fungiere.[130] Hierbei handelt es sich jedoch um einen Einwand, der abstrakten Rechtsbegriffen per se entgegengehalten werden kann. Es liegt in der Natur der Sache, dass Begrifflichkeiten in abstrakt-generellen Gesetzen – innerhalb der Grenzen des strafrechtlichen Bestimmtheitsgebots aus Art. 103 Abs. 2 GG bzw. des allgemeinen Bestimmtheitsgebots aus dem Rechtsstaatsprinzips des Art. 20 GG – möglichst weit und offen formuliert sein müssen, um auf eine (in der Regel nur schwer mögliche) abschließende Auflistung aller unter den jeweiligen Begriff subsumierbaren Fälle zu verzichten. Im Übrigen werden den subjektiven Wertungen Einzelner durch die Bindung an die Auslegungskriterien auch gewisse Grenzen gesetzt. Mit Blick auf das Idealbild eines reifen Erwachsenen kann man als systematischen gesetzlichen Anknüpfungspunkt insbesondere die Verfassung als das Fundament unserer Rechtsordnung bemühen. Diese basiert – die Errungenschaften der Aufklärung fortführend – auf dem Ideal eines freien Menschen, der grundsätzlich autonom über sein Leben bestimmen kann und darf. Dies kommt besonders deutlich in dem hohen Stellenwert des Selbstbestimmungsrechts des Einzelnen, verankert in Art. 2 Abs. 1 GG (u. U. i.V.m. Art. 1 Abs. 1 GG) zum Ausdruck, welches in zahlreichen Gesetzen, wie beispielsweise der Regelung zur ärztlichen Aufklärungspflicht in § 630d Abs. 2 i.V.m. § 630e BGB seinen Niederschlag gefunden hat. Hiervon ausgehend kann man den reifen, gefestigten Erwachsenen im Kern somit als eine Person umschreiben, die

[126] https://www.duden.de/rechtschreibung/ungefestigt, zuletzt abgerufen am 31. 10. 2020.

[127] https://www.duden.de/rechtschreibung/unbestaendig, zuletzt abgerufen am 31. 10. 2020.

[128] *Meier/Bannenberg/Höffler*, Jugendstrafrecht, § 5 Rn. 22; *Beulke/Swoboda*, Jugendstrafrecht, Rn. 201.

[129] BGH NJW 1989, 1490 (1491); BGH NStZ-RR 2018, 388.

[130] *Walter*, GA 2007, 503 (507 ff.), der das Missbrauchspotential am Beispiel einer ähnlich formulierten Gleichstellungsformel zulasten junger Delinquenten während des NS-Regimes aufzeigt; *Weber/Rüth*, Fortschritte der Neurologie/Psychiatrie 65 (1997), 247 (250 f.).

zur Führung eines selbstbestimmten und unabhängigen Lebens in der Lage ist. Weiterhin lässt sich unter Heranziehung des allgemeinsprachlichen Wortsinns von „gefestigt" eine gewisse Kontinuität und Beständigkeit (in Abgrenzung zur Wechselhaftigkeit) der Lebensführung als zentrales Wesensmerkmal ausmachen.

II. Systematische Auslegung

Im Rahmen der systematischen Auslegung geht es darum, das Ziel der „Einheit des Rechts" zu wahren, mithin die Deutung eines gesetzlichen Merkmals widerspruchsfrei in den Kontext der Gesamtrechtsordnung einzufügen.[131] Man versucht insbesondere aus der Stellung einer Norm im Gesamtrechtsgefüge Rückschlüsse für deren Auslegung zu ziehen.[132] Verfassungsrechtlich lässt sich dieses Kriterium aus dem Gebot der Systemgerechtigkeit, das aus Art. 3 Abs. 1 GG und dem Rechtsstaatsprinzip folgt, herleiten.[133] Danach muss eine Norm sich widerspruchsfrei in die Rechtsordnung einfügen, sofern nicht verfassungsrechtlich anerkannte Gründe für einen Systembruch bestehen.[134]

1. Bezugnahme auf § 105 Abs. 1 Nr. 2 JGG

In einer Grundsatzentscheidung aus dem Jahr 1988[135] versucht der BGH sein Kriterium des ungefestigten, noch prägbaren Menschen mittels eines systematischen Rückgriffs auf § 105 Abs. 1 Nr. 2 JGG zu stützen. In diesem sei nur von einer „Jugendverfehlung" im Sinne von jugendtypischen Verhaltensweisen und gerade nicht vom „Jugendlichen" i.S.d. § 1 Abs. 2 JGG mit seinen festen Altersgrenzen die Rede.[136] Weiterhin komme in dieser Norm das Bestreben zum Ausdruck, im Interesse des Heranwachsenden alles dem Jugendstrafrecht zu unterstellen, was durch ein jugendliches Verhalten und Erscheinungsbild gekennzeichnet ist.[137]

Der Schluss des BGH, welchen er aus dem Wortlautvergleich zieht, ist jedoch nicht zwingend. So lässt sich der Gebrauch des Begriffs „Jugendverfehlung" auch plausibel mit Blick auf den sprachlichen Wohlklang der Gesetzesformulierung erklären. Er erscheint sprachlich gefälliger als alternative Formulierungen wie beispielsweise „Verfehlung, die typischerweise von einem Jugendlichen begangen wird". Aus der Verwendung des Begriffs der „Jugendverfehlung" ergibt sich daher

---

[131] *Rüthers/Fischer/Birk*, Rechtstheorie, Rn. 744 ff.; *Zippelius*, Juristische Methodenlehre, S. 43.

[132] *Looschelders/Roth*, Juristische Methodik im Prozess der Rechtsanwendung, S. 149.

[133] *Schlehofer*, JuS 1992, 572 (575).

[134] BVerfGE 34, 103 (115); 45, 363 (375); *Schlehofer*, JuS 1992, 572 (575).

[135] BGH NJW 1989, 1490.

[136] BGH NJW 1989, 1490 (1491).

[137] BGH NJW 1989, 1490 (1491).

noch nicht, dass eine Bezugnahme auf die Legaldefinition des Jugendlichen aus § 1 Abs. 2 JGG ausscheidet. Hinsichtlich der Wertung, welche der BGH dem § 105 Abs. 1 Nr. 2 JGG entnimmt, bleibt er eine Herleitung schuldig. Es erschließt sich aus dem Urteil weder, worin sich das Bestreben nach der Erfassung aller durch ein jugendliches Erscheinungsbild gekennzeichneten Verhaltensweisen zeigen soll, noch, inwieweit dieses die konkrete Auslegung zu stützen vermag. Im Übrigen entspricht ein derartiger Rückschluss von der Nr. 2 auf die Nr. 1 des § 105 Abs. 1 JGG auch nicht dem Willen des Gesetzgebers. Denn während in der Gesetzesbegründung die Voraussetzungen der Nr. 1 ausführlich erläutert werden, wird mit Blick auf die Jugendverfehlung lediglich festgestellt, dass es sich um eine „unverkennbare" handeln müsse.[138] Darin zeigt sich, dass man von einer Prägung des § 105 Abs. 1 JGG durch die Voraussetzungen der Nr. 1 ausging, welche wohl als Richtschnur fungieren sollten. Andernfalls wäre der Begriff der Jugendverfehlung näher erläutert worden.

Im Ergebnis erweist sich der Rückgriff auf § 105 Abs. 1 Nr. 2 JGG für die Auslegung des Begriffs des „Jugendlichen" i.R.d. § 105 Abs. 1 Nr. 1 JGG somit als nicht ergiebig.

2. Bezugnahme auf § 2 Abs. 1 JGG

Bei Normen, die auf andere Regelungen verweisen, bedarf es im Rahmen der systematischen Auslegung einer Hinzuziehung dieser, um die Bedeutung der verweisenden Norm vollständig zu erschließen.[139] § 105 Abs. 1 JGG erklärt bei Vorliegen seiner Voraussetzungen die meisten der für einen Jugendlichen geltenden Vorschriften zu den Rechtsfolgen der Tat für anwendbar. So stehen dem Gericht beschränkt auf Weisungen[140] die Erziehungsmaßregeln (§§ 5 Abs. 1; 9 Nr. 1; 10, 11 JGG), uneingeschränkt die Zuchtmittel (§§ 5 Abs. 2, 13–16a JGG) sowie mit einem erhöhten Strafrahmen (§ 105 Abs. 3 JGG) die Jugendstrafe (§§ 17–26a JGG) und der Schuldspruch mit Aussetzung der Verhängung der Jugendstrafe (§§ 27–30 JGG) zur Verfügung. Die Anwendung des Jugendstrafrechts generell und damit im Speziellen auch der genannten Rechtsfolgen soll gem. § 2 Abs. 1 S. 1 JGG vor allem[141] erneuten Straftaten eines Jugendlichen oder Heranwachsenden entgegenwirken, mithin primär der Spezialprävention dienen. Um dieses Ziel zu erreichen, sind die Rechtsfolgen und unter Beachtung des elterlichen Erziehungsrechts auch das Verfahren vorrangig am „Erziehungsgedanken" auszurichten, § 2 Abs. 1 S. 2 JGG. Der

[138] BT-Dr. 1/3264, S. 36.

[139] *Larenz/Canaris*, Methodenlehre der Rechtswissenschaft, S. 146.

[140] Zum Grund für diese Beschränkung vgl. *Schlehofer*, BeckOK-JGG, § 105 Rn. 21.

[141] Laut der Gesetzesbegründung (BT-Dr. 16/6293, S. 9) soll diese Formulierung Raum dafür lassen, in Einzelfällen neben dem Gedanken der Spezialprävention auch andere Sanktionszwecke zu berücksichtigen, so z. B. den Schuldausgleich bei der Jugendstrafe wegen Schwere der Schuld (§ 17 Abs. 2 Alt. 2 JGG).

Erziehungsgedanke stellt damit das „Leitprinzip“[142] für das Jugendstrafrecht generell und im Besonderen für die Auswahl der Rechtsfolgen dar. Es bedarf daher einer näheren Auseinandersetzung mit seinem Bedeutungsgehalt, um den Begriff des „Jugendlichen“ in § 105 Abs. 1 Nr. 1 JGG systematisch stimmig auszulegen.

a) Schlussfolgerungen hinsichtlich des Kriteriums des „ungefestigten Menschen“

Nach dem allgemeinsprachlichen Wortsinn zeichnet sich Erziehung dadurch aus, dass man jemandes Geist und Charakter bildet und seine Entwicklung, mithin seine innerliche Festigung[143] fördert.[144] In der Erziehungswissenschaft wird als Kompromiss aus unterschiedlichen fachspezifischen Begriffsdeutungen[145] folgende Definition vorgeschlagen: „Erziehung ist die soziale Interaktion zwischen Menschen, bei der ein Erwachsener planvoll und zielgerichtet versucht, bei einem Kind unter Berücksichtigung der Bedürfnisse und persönlichen Eigenart des Kindes erwünschtes Verhalten zu entfalten oder zu stärken. Erziehung ist ein Bestandteil des umfassenden Sozialisationsprozesses; der Bestandteil nämlich, bei dem von Erwachsenen versucht wird, bewußt in den Prozess der Persönlichkeitsentwicklung von Kindern einzugreifen – mit dem Ziel, sie zu selbstständigen, leistungsfähigen und verantwortungsvollen Menschen zu bilden.“[146] Die Adressaten von Erziehungsmaßnahmen sind demnach dadurch definiert, dass sie ungefestigt sind, mithin eine unausgereifte Persönlichkeit aufweisen. Denn nur dann ergibt es Sinn, die innerliche Festigung bzw. Persönlichkeitsentwicklung zum Erziehungsziel zu erklären.

In Übereinstimmung mit dem allgemeinsprachlichen und fachspezifischen Bedeutungsgehalt wollte der Gesetzgeber mit dem Erziehungsprimat zum Ausdruck bringen, dass es im Jugendstrafrecht nicht lediglich um eine äußere Reaktion auf begangenes Unrecht und die Befähigung zu rechtstreuem Verhalten gehe.[147] Vielmehr bedürfe es oftmals einer positiven Beeinflussung – im Hinblick auf Unrechtseinsicht und Motivation zur Befolgung der Gesetze – sowie einer diesbezüglichen Festigung des Delinquenten.[148] Dazu seien primär erzieherische Mittel einzusetzen und auch im Übrigen nach Möglichkeit erzieherische Gesichtspunkte zu berücksichtigen.[149] Im Ergebnis basieren die genannten Rechtsfolgen damit jedenfalls auch auf der Annahme, einen ungefestigten Menschen zu erreichen. Dies zeigt

---

[142] BT-Dr. 16/6293, S. 9; BGH NJW 1989, 1490 (1492), der ihn als „Basis aller Regelungen des Jugendstrafrechts“ bezeichnet.

[143] Vgl. zu dem Bedeutungsgehalt von Entwicklung die Ausführungen unter B, I, 2.

[144] https://www.duden.de/rechtschreibung/erziehen, zuletzt abgerufen am 31.10.2020.

[145] Vgl. zum Überblick *Kipp/Oelkers*, Lexikon der Pädagogik, Begriff „Erziehung“.

[146] *Hurrelmann*, Pädagogik Heft 7–8 (1994), 13.

[147] BT-Dr. 16/6293, S. 9.

[148] BT-Dr. 16/6293, S. 9.

[149] BT-Dr. 16/6293, S. 9.

sich besonders deutlich bei den „Erziehungsmaßregeln“ der Weisungen, die gem. § 10 Abs. 1 S. 1 JGG explizit „die Erziehung fördern und sichern sollen“. Aber ebenso im Bereich der schwerwiegendsten Sanktion der Jugendstrafe. Denn gem. § 18 Abs. 2 JGG ist die Jugendstrafe so zu bemessen, dass die erforderliche „erzieherische Einwirkung“ möglich ist.[150]

Der Gesetzgeber hat dem Erziehungsgedanken durch § 2 Abs. 1 S. 1 JGG allerdings auch klare Grenzen gesetzt.[151] So werden Umfang und Gestaltung der erzieherischen Einwirkung im Jugendstrafrecht mit ihrer spezialpräventiven Intention durch das Ziel eines künftigen Lebens ohne Straftaten limitiert.[152] Aus diesem Grund dürfen beispielsweise Weisungen in der Tat erkennbar gewordene Erziehungsmängel nur in dem Maße beseitigen, wie es erforderlich ist, um einer erneuten Straffälligkeit des Täters entgegenzuwirken.[153] Mit dem 2007 durch das 2. JGGÄndG[154] eingefügten § 2 Abs. 1 hat der Gesetzgeber die zuvor heftig umstrittene Frage, wie der Erziehungsbegriff im Jugendstrafrecht zu verstehen ist,[155] eindeutig entschieden.[156] Erziehung im Sinne des JGG umschreibt das vorrangige Mittel zur Erreichung des primären Ziels der Legalbewährung und ist somit – bei einer rein formalen Betrachtung – nicht identisch mit der auf der übergeordneten Ebene der Zielrichtung angesiedelten Spezialprävention.[157] Sie stellt vielmehr den vorrangigen Weg zur Erreichung des primären Ziels der Legalbewährung dar und zeichnet sich dabei durch die mit erzieherischen und sanktionierenden Mitteln bewirkte Vermittlung von Fähigkeiten, Werten und Einsichten aus, die eine gelungene Sozialisation unterstützen.[158] Dabei sind – wie auch schon die vorgestellte erziehungswissenschaftliche Definition nahe legt – in besonderem Maße die individuellen, aus erzieherischen Defiziten resultierenden Bedürfnisse des Delinquenten in den Fokus zu rücken.[159] In der Sache lässt sich Erziehung i.S.d. § 2 Abs. 1 S. 2 JGG damit als eine sich an den

---

150 Daneben spielt für die Strafbemessung in beiden Varianten der Jugendstrafe auch der Schuldausgleich eine entscheidende Rolle, BGH NStZ-RR 2010, 290 (291); jeweils m.w.N. *Brunner/Dölling*, § 18 Rn. 13; *Sonnen*, D/S/S, § 18 Rn. 10.

151 *Sonnen*, D/S/S, § 2 Rn. 1.

152 BT-Dr. 16/6293, S. 9.

153 *Diemer*, D/S/S, § 9 Rn. 3 m.w.N.

154 BGBl. I, S. 2894 ff.

155 So wurden pädagogische, psychologische, soziologische und originär juristische Deutungen befürwortet, vgl. zum Überblick des teilweise auch weiterhin geführten Streits *Laue*, MüKo-StGB, § 2 JGG Rn. 3 m.w.N.; vgl. auch ausführlich zur Diskussion um die Berechtigung des Erziehungsgedankens im Jugendstrafrecht *Streng*, Jugendstrafrecht, Rn. 15 ff.

156 *Ostendorf/Drenkhahn*, Jugendstrafrecht, Rn. 53 f.; *Sonnen*, FS-Ostendorf, 873 (875).

157 So explizit in der Gesetzesbegründung formuliert, BT-Dr. 16/6293, S. 9; *Brunner/Dölling*, § 2 Rn. 2 f.; *Laue*, MüKo-StGB, § 2 JGG Rn. 3; *Petersen*, Sanktionsmaßstäbe im Jugendstrafrecht, S. 52; *Rössner*, HK-JGG, § 2 Rn. 3.

158 *Brunner/Dölling*, § 2 Rn. 2; *Laue*, MüKo-StGB, § 2 JGG Rn. 3; *Rössner*, HK-JGG, § 2 Rn. 5.

159 *Grunewald*, Die De-Individualisierung des Erziehungsgedankens im Jugendstrafrecht, S. 263 ff.; *Petersen*, Sanktionsmaßstäbe im Jugendstrafrecht, S. 53.

pädagogischen Bedürfnissen des jeweiligen Delinquenten orientierende Ausprägung der Mittel der Spezialprävention begreifen. Die Einschränkung auf das Ziel der Legalbewährung ändert jedoch nichts daran, dass die Rechtsfolgen des Jugendstrafrechts im Grundsatz von einem erziehungsbedürftigen Delinquenten im Sinne eines ungefestigten Menschen ausgehen, der nur insoweit durch das jugendstrafrechtliche Instrumentarium „erzogen" werden darf, wie dies für die Motivation zu einem legalen Verhalten notwendig ist.

Dies zeigt sich nicht zuletzt in dem in § 37 JGG festgeschriebenen gesetzlichen Leitbild von Richtern bei den Jugendgerichten und Jugendstaatsanwälten, welche erzieherisch befähigt und in der Jugenderziehung erfahren sein sollen. In den Richtlinien zu dieser Norm nach dem RiJGG (Nr. 3) wird diese Voraussetzung u. a. dahingehend konkretisiert, dass „Kenntnisse auf den Gebieten der Pädagogik, der Jugendpsychologie, der Jugendpsychiatrie, der Kriminologie und der Soziologie von besonderem Nutzen" sind.[160] Insbesondere die Bezugnahme auf die Pädagogik als Wissenschaft von der Bildung und Erziehung von Kindern und Jugendlichen stützt das Erfordernis eines ungefestigten Menschen. Denn eine besondere erzieherische Befähigung der Richter bei den Jugendgerichten in Form von pädagogischen Kenntnissen zum Ideal zu erklären, ergibt nur Sinn, wenn diese Fähigkeiten bei der Ausübung der Tätigkeit von Nutzen sind. Das sind sie, wenn sie für die zentrale Aufgabe der Auswahl der Rechtsfolgen eine Rolle spielen. Damit stützt § 37 JGG letztlich des Leitbild des Erziehungsgedankens aus § 2 Abs. 1 S. 2 JGG,[161] welcher, wie aufgezeigt, für das Erfordernis eines ungefestigten Menschen streitet.

b) Schlussfolgerungen hinsichtlich des Kriteriums der „Prägbarkeit"

Aus dem systematischen Zusammenhang mit § 2 Abs. 1 JGG erschließt sich weiterhin auch, in welchem Sinne das Kriterium „prägbar", wie es die h.M. zusätzlich (ohne nähere Begründung) aufstellt, zu deuten ist: Der Delinquent muss mit den vorrangig am Erziehungsgedanken orientierten Rechtsfolgen zu einem legalen Verhalten motiviert werden können. Der Gesetzgeber wollte mit Einführung des § 2 Abs. 1 JGG den Umfang der erzieherischen Einwirkung im Jugendstrafrecht durch das Ziel eines künftigen Lebens ohne Straftaten begrenzen.[162] Erziehung sollte explizit „nicht im Sinne einer umfassenden Einwirkung auf die Persönlichkeit, das Verhalten und die Entwicklung der beschuldigten Jugendlichen und Heranwachsenden zu verstehen"[163] sein. Insoweit gilt es allerdings zu berücksichtigen, dass gerade aus der stärkeren Bildsamkeit jugendlicher ungefestigter Straftäter folgt, dass bei ihnen eine positive Veränderung der Umwelt (beispielsweise durch individua-

---

160 *Schady*, NK-JGG, § 37 Rn. 3.

161 So auch explizit in der Gesetzesbegründung hervorgehoben, BT-Dr. 16/6293, S. 10.

162 BT-Dr. 16/6293, S. 9.

163 BT-Dr. 16/6293, S. 9.

lisierte Erziehungsmaßregeln) und beharrliche Erziehungsarbeit wesentlich eher Erfolg verspricht als bei den Älteren, deren Charakter sich bereits im negativen Sinne verfestigt hat.[164] Es erscheint bei jungen Straftätern hinsichtlich einer legalen Bewährung damit in der Regel aussichtsreicher, auf das erzieherisch orientierte Sanktionsinstrumentarium des JGG zurückzugreifen, als die – sich primär auf die Geld- und Freiheitsstrafe fokussierenden – Sanktionen des allgemeinen Strafrechts zu bemühen.[165] Demnach führt bereits die Feststellung eines ungefestigten Menschen zu der Vermutung einer Prägbarkeit, welche sich am Ziel einer Legalbewährung im Sinne des § 2 Abs. 1 JGG orientiert.

c) Schlussfolgerungen hinsichtlich des Kriteriums des „Wirkens von Entwicklungskräften in größerem Umfang"

Die Rechtsprechung zieht § 2 Abs. 1 JGG in der Sache ebenfalls heran, um das von ihr aufgestellte Erfordernis des „Wirkens von Entwicklungskräften in größerem Umfang" zu stützen. Sie verweist zwar auf den Zweck des § 105 JGG[166] und erweckt damit zunächst den Eindruck einer teleologischen Auslegung. Indes wird bei genauer Betrachtung deutlich, dass es sich in Wahrheit um eine systematische Argumentation handelt: So nimmt der BGH Bezug auf die für Jugendliche vorgesehenen Rechtsfolgen, welche auf den unfertigen, noch formbaren Menschen zugeschnitten seien; bei ihm würden die auf dem Erziehungsbedürfnis basierenden, nach § 5 JGG auszuwählenden Maßnahmen eine Besserung und Abschreckung erwarten lassen.[167] Nur der Heranwachsende, der sich noch in der für Jugendliche charakteristischen Entwicklungsphase befindet, werde vom Gesetz dem Jugendstrafrecht unterstellt, nicht jedoch derjenige, der endgültig auf der Stufe des Jugendlichen stehengeblieben ist.[168] In der Sache nimmt der BGH somit systematischen Bezug auf die Normen zu den Rechtsfolgen der Tat, auf die § 105 Abs. 1 JGG verweist, um die Bedeutung des Merkmals „Einem-Jugendlichen-Gleichstehen" zu erschließen.

Es erscheint allerdings fraglich, ob seine Argumentation zutreffend ist. Sie basiert auf der Annahme, dass jugendstrafrechtliche Rechtsfolgen überhaupt nur deshalb erfolgreich auf Jugendliche einwirken können, weil sich diese währenddessen ununterbrochen geistig-sittlich weiterentwickeln.[169] Diese These findet jedoch keine Stütze in der zentralen Norm des § 2 Abs. 1 JGG, welche die Zielsetzung der jugendstrafrechtlichen Rechtsfolgen festlegt. Wie bereits dargestellt,[170] sollen diese

---

164 *Beulke/Swoboda*, Jugendstrafrecht, Rn. 20.

165 *Meier/Bannenberg/Höffler*, Jugendstrafrecht, § 5 Rn. 30; *Sonnen*, D/S/S, § 105 Rn. 8; *Streng*, Jugendstrafrecht, Rn. 87; *Walter*, NStZ 2002, 208.

166 BGH NJW 1968, 1195; BGH NStZ 2002, 204 (206).

167 BGH NJW 1968, 1195.

168 BGH NJW 1968, 1195.

169 *Laue*, MüKo-StGB, § 105 JGG Rn. 27.

170 Vgl. die Ausführungen unter B., II., 2., a).

vorrangig der Spezialprävention dienen und in besonderem Maße erzieherische Gesichtspunkte berücksichtigen. Gleichzeitig soll § 2 Abs. 1 JGG dem gesetzgeberischen Willen nach Umfang und Gestaltung der erzieherischen Einwirkung im Jugendstrafrecht durch dieses Ziel eines künftigen Lebens ohne Straftaten begrenzen.[171] Es geht mithin nicht um die Förderung der geistig-sittlichen Entwicklung der Delinquenten im Ganzen (Erziehung im jugendstrafrechtlichen Zusammenhang ist „nicht im Sinne einer umfassenden Einwirkung auf die Persönlichkeit, das Verhalten und die Entwicklung der beschuldigten Jugendlichen und Heranwachsenden zu verstehen“[172]), sondern darum, sie mithilfe der vorrangig erzieherische Aspekte berücksichtigenden Rechtsfolgen des JGG zu einem legalen Verhalten zu motivieren. Letzteres erscheint bei einem Heranwachsenden, der auf dem geistig-sittlichen Entwicklungsstand eines Jugendlichen verharrt, jedoch in Form der Erwirkung äußerer Anpassung gleichermaßen möglich wie bei einem Jugendlichen i.S.d. § 1 Abs. 2 JGG.[173]

Im Übrigen gilt es zu berücksichtigen, dass die jugendliche Entwicklung in Schüben erfolgt und das Gesetz die Anordnung von jugendstrafrechtlichen Rechtsfolgen auch dann zulässt, wenn ein Jugendlicher im Augenblick auf einer bestimmten Entwicklungsstufe steht und nicht im Begriff ist, die nächste zu erklimmen.[174] § 3 S. 1 JGG als besondere Schuldvoraussetzung verlangt für eine Eröffnung des Anwendungsbereichs jugendstrafrechtlicher Rechtsfolgen nämlich lediglich, dass der Jugendliche zur Zeit der Tat nach seiner sittlichen und geistigen Entwicklung reif genug ist, das Unrecht der Tat einzusehen und nach dieser Einsicht zu handeln. Von einer etwaigen Entwicklungsfähigkeit ist nicht die Rede. Darin zeigt sich, dass der Gesetzgeber die Wirksamkeit seiner Rechtsfolgen mit Blick auf die primäre Zielgruppe der Jugendlichen nicht von einer gerade ablaufenden Weiterentwicklung abhängig macht.[175] Vor diesem Hintergrund leuchtet eine anderweitige Handhabung bei Heranwachsenden, die auf dem Entwicklungsstand eines Jugendlichen verharren, nicht ein. Ein solches Vorgehen ist vielmehr systemwidrig.

Weiterhin stellt sich auch die Frage der Vereinbarkeit mit dem allgemeinen Gleichheitssatz aus Art. 3 Abs. 1 GG, wenn auf einen Jugendlichen, der sich nicht weiterentwickeln wird, Jugendstrafrecht angewandt wird, nicht aber auf einen Heranwachsenden, der ihm – abgesehen vom Alter – im Übrigen in jeder Hinsicht gleichsteht.[176] Das formale Kriterium des Alters zu dem notwendigen sachlichen

---

[171] BT-Dr. 16/6293, S. 9.

[172] BT-Dr. 16/6293, S. 9.

[173] *Laue*, MüKo-StGB, § 105 JGG Rn. 27; *Ostendorf*, NK-JGG, § 105 Rn. 8; *Beulke/Swoboda*, Jugendstrafrecht, Rn. 212.

[174] *Laue*, MüKo-StGB, § 105 JGG Rn. 27.

[175] So im Ergebnis, jedoch ohne Verweis auf § 3 JGG auch *Laue*, MüKo-StGB, § 105 JGG Rn. 27.

[176] *Laue*, MüKo-StGB, § 105 JGG Rn. 27.

Differenzierungsgrund[177] zu erheben, erscheint in Anbetracht der entwicklungspsychologischen, mithin materiellen Vergleichbarkeit der beiden Sachverhalte nicht gerechtfertigt. In dieser Richtung sind wohl auch Einwände von Seiten der Literatur zu deuten, die ein solches Vorgehen der Rechtsprechung als „mit dem Gerechtigkeitsgedanken nicht zu vereinbaren“[178] ansehen.

3. Ausgestaltung des § 105 JGG als Privilegierung für geminderte Schuld

Für eine systematisch stimmige Deutung des Begriffs des „Jugendlichen“ i.R.d. § 105 Abs. 1 Nr. 1 JGG muss man auch die Ausgestaltung dieser Norm als Privilegierung für infolge von Unreife geminderte Schuld berücksichtigen.

Nach überwiegender Ansicht folgt diese aus der Tatzeitorientierung des § 105 Abs. 1 JGG sowie den im Vergleich zu den Rechtsfolgen des allgemeinen Strafrechts günstigeren Rechtsfolgen des JGG.[179] Konsequenz der Tatzeitorientierung sei nämlich, dass auf den Heranwachsenden auch dann noch das günstigere Jugendstrafrecht angewendet werde, wenn er zur Zeit der Aburteilung den Reifestand eines Jugendlichen überschritten und sich erfolgreich resozialisiert hat, sodass er jedenfalls mit den erzieherischen Sanktionen des JGG, die der positiven Spezialprävention dienen, gar nicht mehr zu erreichen sei. Wolle man dem Gesetzgeber nicht unterstellen, solche Fälle nicht bedacht zu haben, müsse man § 105 Abs. 1 Nr. 1 JGG auch als Anerkennung geminderter Schuld des noch unreifen Heranwachsenden deuten.[180]

Dass die Rechtsfolgen des JGG nicht ausschließlich der positiven Spezialprävention dienen, ergibt sich aus § 2 Abs. 1 S. 1 JGG. Danach soll die Anwendung des Jugendstrafrechts „vor allem“ erneuten Straftaten eines Jugendlichen oder Heranwachsenden entgegenwirken, also lediglich vorrangig der Spezialprävention dienen. Laut der Gesetzesbegründung wurde die Formulierung „vor allem“ bewusst gewählt, um Raum dafür zu lassen, in Einzelfällen neben dem Gedanken der Spezialprävention auch andere Sanktionszwecke zu berücksichtigen.[181] Insoweit verweist der Gesetzgeber explizit auf die Möglichkeit der Ahndung der Tat mit Zuchtmitteln oder Jugendstrafe.[182] Insbesondere die Jugendstrafe wegen der Schwere der Schuld nach § 17 Abs. 2 Var. 2 JGG impliziert bereits begrifflich die Berücksichtigung des

---

[177] Vgl. zu diesem Erfordernis ausführlich *Jarass*, Jarass/Pieroth, Art. 3 Rn. 18 ff.

[178] *Ostendorf*, NK-JGG, § 105 Rn. 8; *Zieger/Nöding*, Verteidigung in Jugendstrafsachen, Rn. 101.

[179] *Kudlich*, JuS 2002, 1164 (1167); *Beulke/Swoboda*, Jugendstrafrecht, Rn. 208, 212; *Streng*, Jugendstrafrecht, Rn. 79; *Walter*, NStZ 2002, 208 (209).

[180] *Laubenthal/Baier/Nestler*, Jugendstrafrecht, Rn. 87; *Beulke/Swoboda*, Jugendstrafrecht, Rn. 208; *Streng*, Jugendstrafrecht, Rn. 72.

[181] BT-Dr. 16/6293, S. 9.

[182] BT-Dr. 16/6293, S. 9.

Schuldgedankens.[183] Somit verbleibt in Fällen, in denen die positive Spezialprävention aufgrund einer erfolgreichen Resozialisation des Delinquenten keine Berücksichtigung finden kann, in jedem Fall die Möglichkeit der Ahndung der Tat mit Zuchtmitteln oder Jugendstrafe gem. § 5 Abs. 2 JGG, wenn Aspekte der negativen Spezialprävention oder des Schuldausgleichs dies gebieten.

Entscheidend für eine Interpretation des § 105 JGG als Privilegierung für geminderte Schuld ist jedoch die Feststellung, dass es sich bei den jugendstrafrechtlichen Rechtsfolgen für Heranwachsende um die im Vergleich zu denjenigen des allgemeinen Strafrechts günstigeren handelt. Dass dem so ist, zeigt sich besonders deutlich bei der schwerwiegendsten Sanktion der Jugendstrafe und deren abgesenktem Strafrahmen. Bei Heranwachsenden beträgt das Höchstmaß gem. § 105 Abs. 3 S. 1 JGG grundsätzlich 10 Jahre und kann nur ausnahmsweise gem. § 105 Abs. 3 S. 2 JGG auf 15 Jahre erhöht werden. Hingegen ist im allgemeinen Strafrecht bei zeitigen Freiheitsstrafen nach § 38 Abs. 2 StGB generell ein Höchstmaß von 15 Jahren und vereinzelt sogar bei entsprechender Anordnung eine lebenslange Freiheitsstrafe zulässig.[184] Dieses Strafrahmengefälle illustriert die gesetzgeberische Wertung, dass Heranwachsende, die nach ihrer sittlichen und geistigen Entwicklung einem Jugendlichen gleichstehen, typischerweise ein geringeres Maß an Schuld verwirklichen, das lediglich eine Sanktionierung nach der günstigeren Strafrechtsordnung legitimiert.[185] Die Zuschreibung einer geminderten Schuld Heranwachsender in den Fällen des § 105 Abs. 1 JGG (und Jugendlicher) ist auch in der Gesetzesbegründung zur Einführung des § 2 Abs. 1 JGG, der die Zielsetzung des Jugendstrafrechts formuliert, ausdrücklich hervorgehoben worden: „Damit stellt der Erziehungsgedanke neben einer – gegenüber voll verantwortlichen Erwachsenen – generell herabgesetzten Schuld das wesentliche Standbein für ein eigenständiges Jugendstrafrecht dar.“[186]

a) Schlussfolgerungen hinsichtlich des Kriteriums des „Wirkens von Entwicklungskräften in größerem Umfang“

Die Rechtsprechung lässt diesen dem § 105 Abs. 1 Nr. 1 JGG immanenten Grundgedanken jedoch völlig unberücksichtigt, indem sie Heranwachsenden, die einem Jugendlichen in ihrer sittlich-geistigen Entwicklung gleichstehen, die Einbeziehung in das grundsätzlich mildere Jugendstrafrecht aufgrund eines Entwicklungsabschlusses verwehrt.[187] Folglich streitet auch diese systematische Wertung

---

[183] BT-Dr. 16/6293, S. 9.

[184] Vgl. ausführlich zum Verhältnis zwischen jugendstrafrechtlichen Rechtsfolgen und denen des allgemeinen Strafrechts *Schlehofer*, BeckOK-JGG, § 105 Rn. 12 ff.

[185] *Schlehofer*, BeckOK-JGG, § 105 Rn. 7.

[186] BT-Dr. 16/6293, S. 10.

[187] *Beulke/Swoboda*, Jugendstrafrecht, Rn. 208, 212; *Streng*, Jugendstrafrecht, Rn. 79.

gegen die Auslegung der Rechtsprechung und damit gegen das Erfordernis des Wirkens von Entwicklungskräften in größerem Umfang.

b) Maßgeblichkeit des Kriteriums „entwicklungsbedingt verminderte Schuldfähigkeit, die mit der eines Jugendlichen vergleichbar ist"?

Eine in der Literatur vertretene Ansicht bezieht sich ebenfalls auf die Ausgestaltung des § 105 JGG als Privilegierung für geminderte Schuld,[188] um ein alternatives Kriterium für die Auslegung des Einem-Jugendlichen-Gleichstehens zu entwickeln. Im Ausgangspunkt ist nach dieser Ansicht die Legaldefinition des § 1 Abs. 2 JGG maßgeblich. Auf einen Heranwachsenden sei folglich nur dann Jugendstrafrecht anzuwenden, wenn er zur Zeit der Tat einem 14- bis 17-Jährigen gleichstand.[189] Damit sei der Vergleichsmaßstab jedoch noch nicht ausreichend bestimmt.[190] Ob der Heranwachsende einem 14- bis 17-Jährigen gleichstand, richte sich danach, ob er nach dem Maß seiner Schuldfähigkeit mit einem Jugendlichen vergleichbar ist.[191] Vergleichsfigur soll insoweit der nach § 3 S. 1 JGG verantwortliche Jugendliche sein, weil es das Gesetz von vornherein ausschließe, dass ein Heranwachsender entwicklungsbedingt schuldunfähig ist.[192] Ein Heranwachsender stehe demnach einem Jugendlichen dann gleich, wenn zur Zeit der Tat eine nicht pathologische – und damit nach dem Gesetz nur mit einem Entwicklungsrückstand erklärbare – verminderte Schuldfähigkeit vorlag.[193] Demgegenüber stehe der in beiderlei Hinsicht (pathologisch und entwicklungsbedingt) uneingeschränkt schuldfähige Heranwachsende einem Erwachsenen gleich.[194]

Zuzustimmen ist, wie bereits erläutert,[195] der Heranziehung der Legaldefinition eines Jugendlichen aus § 1 Abs. 2 JGG. Hingegen erweist sich der Rückschluss, dass es einer Vergleichbarkeit der Schuldfähigkeit des Heranwachsenden mit der eines Jugendlichen bedarf, als systematisch unstimmig. Zwar ist die Begrenzung des Vergleichs auf einen nach § 3 S. 1 JGG schuldfähigen Jugendlichen schlüssig. Die fehlende Verweisung auf § 3 JGG im Rahmen des § 105 Abs. 1 JGG zeigt, dass der Gesetzgeber selbst dem Heranwachsenden, der einem Jugendlichen i.S.d. Norm gleichsteht, die Fähigkeit, das Unrecht der Tat einzusehen und nach dieser Ansicht zu handeln, und damit die Strafbegründungsschuld zuschreibt, sofern kein Schuld-

[188] *Laue*, MüKo-StGB, § 105 JGG Rn. 17.

[189] *Laue*, MüKo-StGB, § 105 JGG Rn. 16.

[190] *Laue*, MüKo-StGB, § 105 JGG Rn. 17.

[191] *Laue*, MüKo-StGB, § 105 JGG Rn. 17.

[192] *Laue*, MüKo-StGB, § 105 JGG Rn. 18.

[193] *Laue*, MüKo-StGB, § 105 JGG Rn. 18.

[194] *Laue*, MüKo-StGB, § 105 JGG Rn. 18.

[195] Vgl. die Ausführungen unter B., I., 1.

ausschließungs- oder Entschuldigungsgrund vorliegt.[196] Dennoch ist es systematisch nicht überzeugend, eine Vergleichbarkeit der Schuldfähigkeit mit der eines nach § 3 S. 1 JGG verantwortlichen Jugendlichen zu fordern. Die generelle Erhöhung des Strafrahmens der Jugendstrafe in § 105 Abs. 3 JGG im Verhältnis zu § 18 Abs. 1 JGG steht dem entgegen. Aus dieser ergibt sich, dass der Heranwachsende auch dann noch einem Jugendlichen i.S.d. § 105 Abs. 1 Nr. 1 JGG gleichstehen kann, wenn er ein höheres Maß an Reife i.S.v. Schuldfähigkeit aufweist als ein Jugendlicher. Denn die erhöhten Strafrahmen der Jugendstrafe beruhen darauf, dass der Gesetzgeber Heranwachsenden ein höheres Maß an Reife und damit an Schuld zuschreibt als Jugendlichen, welche die nach § 3 S. 1 JGG nötige Reife aufweisen.[197]

c) Maßgeblichkeit des Kriteriums „entwicklungsbedingt verminderte Schuldfähigkeit, die noch nicht der eines schuldfähigen 21-Jährigen entspricht"?

Hiervon ausgehend könnte hingegen eine Abwandlung dieses Kriteriums für die Bestimmung des Einem-Jugendlichen-Gleichstehens maßgeblich sein: Die gegenüber einem schuldfähigen 21-Jährigen entwicklungsbedingt verminderte Schuldfähigkeit. Denn der Heranwachsende, der einem Jugendlichen i.S.d. § 105 Abs. 1 Nr. 1 JGG gleichsteht, wird nach der grundsätzlich milderen Sanktionsordnung des Jugendstrafrechts bestraft. Darin zeigt sich, dass er ein im Verhältnis zu einem schuldfähigen 21-Jährigen geringeres Maß an Schuld verwirklicht, das eine Sanktionierung nach dem allgemeinen Strafrecht nicht zu legitimieren vermag.

Diese Deutung würde jedoch voraussetzen, dass die entwicklungsbedingt verminderte Schuldfähigkeit als solche nachweisbar ist. Teilweise wird dies bejaht. Fälle entwicklungsbedingt verminderter Einsichtsfähigkeit, in denen ein Heranwachsender das Unrecht der Tat vermeidbar nicht erkannt hat, und Fälle entwicklungsbedingt herabgesetzten Hemmungsvermögens sollen nach einer Ansicht mittels der Reifekriterien der *Marburger Richtlinien* nachgewiesen werden können.[198] Dieser Kriterienkatalog soll belegen, dass den betreffenden Heranwachsenden die Einsicht in das Unrecht oder das Handeln entsprechend dieser Einsicht deutlich schwerer falle als ihren Altersgenossen oder Erwachsenen.[199] Fraglich ist, ob diese Annahme zutrifft.

Die *Marburger Richtlinien*[200] wurden 1954 auf einer Tagung der DVJJ und der Deutschen Vereinigung für Jugendpsychiatrie entwickelt, um die Voraussetzungen

---

[196] *Schlehofer*, BeckOK-JGG, § 105 Rn. 17.

[197] *Schlehofer*, BeckOK-JGG, § 105 Rn. 7.

[198] *Laue*, MüKo-StGB, § 105 JGG Rn. 24.

[199] *Laue*, MüKo-StGB, § 105 JGG Rn. 24.

[200] Veröffentlicht in MSchrKrim 1955, 58 ff.

des § 105 Abs. 1 Nr. 1 JGG zu konkretisieren.[201] Danach soll „ein Heranwachsender einem Jugendlichen oft in seiner sittlichen und geistigen Entwicklung dann gleichzustellen sein, wenn seine Persönlichkeit insbesondere folgende Züge vermissen lässt: eine gewisse Lebensplanung, Fähigkeit zu selbständigem Urteilen und Entscheiden, Fähigkeit zu zeitlich überschauendem Denken, Fähigkeit, Gefühlsurteile rational zu unterbauen, ernsthafte Einstellung zur Arbeit, gewisse Eigenständigkeit zu anderen Menschen [...]. Charakteristische jugendtümliche Züge können u. a. sein: Ungenügende Ausformung der Persönlichkeit, Hilflosigkeit (die sich nicht selten hinter Trotz und Arroganz versteckt), naiv-vertrauensseliges Verhalten, Leben nach dem Augenblick, starke Anlehnungsbedürftigkeit, spielerische Einstellung zur Arbeit, Neigung zum Tagträumen, Hang zu abenteuerlichem Handeln, Hineinleben in selbstwerterhöhende Rollen, mangelnder Anschluß an Altersgenossen [...]“[202]. Dieser Kriterienkatalog ist in zwei nachfolgenden empirischen Untersuchungen[203] mit dem Ergebnis folgender Reifekriterien evaluiert worden: Realistische Lebensplanung, Eigenständigkeit im Verhältnis zu den Eltern, Eigenständigkeit im Verhältnis zu Gleichaltrigen/Partnern, ernsthafte Einstellung zur Arbeit, äußerer Eindruck, realistische Alltagsbewältigung, Alter der Freunde, Bindungsfähigkeit, Integration von Eros und Sexus und konsistente berechenbare Stimmungslage.[204]

In ihrer Gesamtheit weisen diese Indizien jedoch nahezu keinen unmittelbaren Bezug zur Schuldfähigkeit auf. Es erschließt sich nicht, warum Mängel im Bereich der realistischen Lebensplanung, der Alltagsbewältigung oder der Einstellung zur Arbeit, eine fehlende Eigenständigkeit, Bindungsunfähigkeit, das Alter der Freunde oder der äußere Eindruck des Delinquenten Auswirkungen auf die Fähigkeit, das Unrecht der Tat einzusehen und nach dieser Einsicht zu handeln, haben sollten. Lediglich das Indiz der konsistenten berechenbaren Stimmungslage besitzt eine gewisse Aussagekraft, da heftige und häufige Stimmungswechsel aus geringfügigem Anlass[205] eine Einschränkung der Steuerungsfähigkeit zur Folge haben können.

Die entwicklungsbedingt geminderte Schuldfähigkeit selbst kann nicht das entscheidende Kriterium zur Bestimmung des Einem-Jugendlichen-Gleichstehens i.S.d. § 105 Abs. 1 Nr. 1 JGG sein, da eine Feststellung derselben als Faktum empirisch unmöglich ist. Denn es ist naturwissenschaftlich nicht nachgewiesen, dass der Mensch die schuldbegründende Fähigkeit besitzt, das Unrecht der Tat einzusehen und nach dieser Ansicht zu handeln.[206] Er könnte, wie es deterministische Strömungen behaupten, in seinen Entscheidungen und Handlungen im Voraus bestimmt

---

201 *Brunner/Dölling*, § 105 Rn. 5 ff.; *Meier/Bannenberg/Höffler*, Jugendstrafrecht, § 5 Rn. 23 f.; *Streng*, Jugendstrafrecht, Rn. 76 f.; *Sonnen*, D/S/S, § 105 Rn. 17 ff.

202 MSchrKrim 1955, 58, (60).

203 *Esser/Fritz/Schmidt*, MSchrKrim 1991, 356 ff.; *Esser*, DVJJ-Journal 1999, 37 ff.

204 *Esser/Fritz/Schmidt*, MSchrKrim 1991, 356 ff.; *Esser*, DVJJ-Journal 1999, 37 ff.

205 *Esser/Fritz/Schmidt*, MSchrKrim 1991, 356 (362).

206 *Schlehofer*, BeckOK-JGG, § 105 Rn. 8; vgl. ausführlich zum Problem der Willensfreiheit mit Blick auf den strafrechtlichen Schuldbegriff *Herzberg*, ZStW 124 (2012), 12 ff.

sein.[207] Die geminderte Schuld wird einem Heranwachsenden, der einem Jugendlichen in der geistig-sittlichen Entwicklung gleichsteht, lediglich normativ zugeschrieben.[208]

Die strafrechtlich relevanten Altersgrenzziehungen begründen eine gesetzliche Vermutung für den jeweiligen Reifegrad und das Maß der Schuldfähigkeit des Delinquenten.[209] So wird für unter 14-Jährige – unabhängig von ihrem tatsächlichen Entwicklungsstand – gem. § 19 StGB unwiderlegbar vermutet, dass sie als Kinder schuldunfähig sind, sprich nicht das für eine strafrechtliche Sanktionierung notwendige Maß der Unrechtseinsichts- und Steuerungsfähigkeit aufweisen. 14- bis einschließlich 17-Jährige sind als Jugendliche i.S.d. § 1 Abs. 2 JGG nach § 3 S. 1 JGG bedingt strafmündig, sofern sie zur Tatzeit nach ihrer sittlichen und geistigen Entwicklung reif genug waren, das Unrecht der Tat einzusehen und nach dieser Einsicht zu handeln. Die für diese Gruppe vorgesehene grundsätzlich günstigere Sanktionsordnung[210], welche sich insbesondere in dem gegenüber Heranwachsenden und über 20-Jährigen geminderten Strafrahmen der Jugendstrafe (vgl. § 18 Abs. 1 JGG) widerspiegelt, verdeutlicht, dass der Gesetzgeber dem Jugendlichen ein geringeres Maß an Schuldfähigkeit zuschreibt. Denn er wird auch dann noch nach Jugendstrafrecht verurteilt, wenn sein sittlich-geistiger Entwicklungsstand beispielsweise bereits dem eines schuldfähigen 21-Jährigen entspricht und damit eine Sanktionierung nach dem allgemeinen Strafrecht legitimieren könnte. Insoweit entfaltet die gesetzgeberisch getroffene Wertung innerhalb der einzelnen Altersstufen eine Sperrwirkung. Ebenso verhält es sich mit den Heranwachsenden, die die Voraussetzungen des § 105 Abs. 1 JGG erfüllen und in der Folge ebenfalls in den Genuss des im Verhältnis zu den über 20-Jährigen grundsätzlich günstigeren Jugendstrafrechts kommen. Sofern der Heranwachsende in seiner sittlichen und geistigen Entwicklung einem Jugendlichen i.S.d. § 105 Abs. 1 Nr. 1 JGG gleichsteht, greift die gesetzliche unwiderlegbare Vermutung, dass dieser eine im Vergleich zu einem 21-Jährigen geminderte Schuldfähigkeit aufweist, die lediglich die Sanktionierung nach dem grundsätzlich günstigeren Jugendstrafrecht zu legitimieren vermag.

Dass der Gesetzgeber das geminderte Schuldmaß des Heranwachsenden, der einem Jugendlichen gleichsteht, lediglich zuschreibt und nicht positiv festgestellt wissen will, ergibt sich auch explizit aus den Gesetzgebungsmaterialien. So wird in der Begründung zu dem erhöhten Strafrahmen des § 105 Abs. 3 JGG erläuternd Folgendes ausgeführt: „Allerdings soll diese Gleichstellung keine vollständige sein. Der Heranwachsende hat im allgemeinen schon einen beachtlichen Grad sozialer Freiheit erlangt, dem eine entsprechende strafrechtliche Verantwortlichkeit gegen-

---

[207] Vgl. *Schlehofer*, BeckOK-JGG, § 105 Rn. 8; *Herzberg*, ZStW 124 (2012), 12 (19 ff.).

[208] Vgl. ausführlich zur normativen Zuschreibung *Schlehofer*, MüKo-StGB, Vor § 32 Rn. 291 ff.

[209] Vgl. *Schlehofer*, BeckOK-JGG, § 105 Rn. 6.

[210] Vgl. hierzu ausführlich *Schlehofer*, BeckOK-JGG, § 105 Rn. 12 ff.

überstehen muß. [...] Dem entspricht auch die Beibehaltung des bisher für Jugendliche geltenden[211] weiten Strafrahmens."[212] Der „beachtliche Grad sozialer Freiheit" umschreibt insoweit die für das Schuldmaß relevante Fähigkeit, das Unrecht der Tat einzusehen und nach dieser zu handeln. Dies ergibt sich aus der Verknüpfung mit der „strafrechtlichen Verantwortlichkeit". Aus der Formulierung „im allgemeinen" wird deutlich, dass es sich hierbei um eine typisierende und damit zuschreibende Betrachtung handelt. Diese findet ihren Niederschlag ausdrücklich in dem im Vergleich zu § 18 Abs. 1 JGG erhöhten Strafrahmen. Konsequenterweise basiert der im Verhältnis zum allgemeinen Strafrecht geminderte Strafrahmen auf der Zuschreibung einer (gegenüber über 20-Jährigen) verminderten Schuldfähigkeit.

Da die verminderte Schuldfähigkeit als solche lediglich normativ zugeschrieben wird, kann sie nicht zugleich das maßgebliche Kriterium für das Einem-Jugendlichen-Gleichstehen i.S.d. § 105 Abs. 1 Nr. 1 JGG sein. Andernfalls würde man das Ergebnis, die in der Sanktionierung nach Jugendstrafrecht zum Ausdruck kommende Zuschreibung verminderter Schuldfähigkeit, mit demselben Kriterium, konkret der verminderten Schuldfähigkeit zu begründen versuchen. Ein solches Vorgehen wäre zirkulär und daher unzulässig.

d) Schlussfolgerungen hinsichtlich des Kriteriums des „ungefestigten Menschen"

Aus der normativen Zuschreibung verminderter Schuldfähigkeit folgt, dass nur ein Sachverhalt nachweisbar ist, an den das Gesetz diese Zuschreibung knüpft. Damit der Heranwachsende einem Jugendlichen gleichsteht, muss er einen sittlich-geistigen Entwicklungsstand haben, der hinter dem eines schuldfähigen 21-Jährigen zurückbleibt. Denn für ihn vermuten die gesetzlichen Schuldregeln, dass er die sittlich-geistige Reife aufweist, die eine Sanktionierung nach allgemeinem Strafrecht legitimiert.[213] Ein solcher Nachweis läuft im Ergebnis auf die Feststellung eines „ungefestigten Menschen" im Sinne einer unausgereiften Persönlichkeit hinaus. Die Personengruppe der Erwachsenen stellt das strafrechtliche Gegenstück zu derjenigen der Jugendlichen dar. Die beiden werden in Abgrenzung zueinander bestimmt: Ein Jugendlicher zeichnet sich gerade dadurch aus, dass seine Persönlichkeit regelmäßig noch keine reife Ausformung erfahren hat, ein schuldfähiger 21-Jähriger hingegen weist typischerweise bereits eine entsprechend reife Erwachsenenpersönlichkeit auf.

Damit liefern der systematische Zusammenhang mit den im Vergleich zu über 20-Jährigen grundsätzlich milderen Rechtsfolgen und die sich daraus ergebende Zu-

[211] Im zuvor geltenden RJGG war für Jugendliche gem. § 5 Abs. 1 RJGG ein regulärer Strafrahmen von bis zu 10 Jahren vorgesehen. Diesen hat der Gesetzgeber i.R.d. JGG von 1953 auf 5 Jahre (§ 18 Abs. 1 S. 1 JGG) herabgesenkt, da er aufgrund wissenschaftlicher Erkenntnisse davon ausging, dass nur in einem solchen Zeitraum ein erzieherischer Erfolg im Strafvollzug zu erreichen sei, BT-Dr. 1/3264, S. 41.

[212] BT-Dr. 1/3264, S. 44.

[213] *Schlehofer*, BeckOK-JGG, § 105 Rn. 8.

schreibung geminderter Schuld einen normativen Bezugspunkt für das Kriterium des „ungefestigten Menschen". Der von der h.M. geforderte Vergleich mit einem (im strafrechtlichen Sinne) Erwachsenen erweist sich als systematisch stimmig.

4. Zwischenergebnis: „Ungefestigter, noch prägbarer Mensch"

In der Gesamtschau streitet die systematische Auslegung einerseits für das Kriterium des „ungefestigten, noch prägbaren Menschen" in dem Sinne, dass der Heranwachsende hinter dem Idealtypus eines autonomen, in der Lebensführung eine gewisse Beständigkeit zeigenden Erwachsenen zurückbleibt. Andererseits erweisen sich die Kriterien des „Wirkens von Entwicklungskräften in größerem Umfang" bzw. der „entwicklungsbedingt verminderten Schuldfähigkeit, die mit der eines nach § 3 S. 1 JGG verantwortlichen Jugendlichen vergleichbar ist oder die hinter der eines schuldfähigen 21-Jährigen zurückbleibt" als systematisch unstimmig.

III. Historische Auslegung

Im Rahmen der historischen Auslegung beleuchtet man die Entstehungsgeschichte einer Norm, um deren Inhalt und Zweck zu ermitteln.[214] Man erforscht insbesondere die Regelungsabsicht des Gesetzgebers.[215] Verfassungsrechtlich lässt sich dieses Kriterium aus dem Demokratieprinzip des Art. 20 Abs. 1, Abs. 2 GG herleiten.[216] Nach Art. 20 Abs. 2 S. 1 GG geht alle Staatsgewalt vom Volk aus. Daher muss jeder staatliche Akt eine ununterbrochene Legitimationskette zum Volk aufweisen.[217] Die Gesetzgebungsorgane des Bundestages sowie Bundesrates werden durch Wahlen i.S.d. Art. 20 Abs. 2 S. 2 GG demokratisch legitimiert. Um zu gewährleisten, dass der Wille des Volkes auch bei staatlichen Akten in Form von Gesetzen gilt, ist es somit notwendig, die Absichten des demokratisch legitimierten Gesetzgebers zu berücksichtigen.[218] Aufschluss über diese können die Materialien zu dem auszulegenden Gesetz geben, z. B. Regierungsentwürfe einschließlich amtlicher Begründungen, Beratungsprotokolle sowie Ausschuss- und Kommissionsberichte.[219] Insoweit ist allerdings zu beachten, dass die Ausführungen der Verfasser einzelner

---

[214] *Rüthers/Fischer/Birk*, Rechtstheorie, Rn. 780; *Sauer*, in: Krüper, Grundlagen des Rechts, § 9 Rn. 27.

[215] *Looschelders/Roth*, Juristische Methodik im Prozess der Rechtsanwendung, S. 153 f.; *Sauer*, in: Krüper, Grundlagen des Rechts, § 9 Rn. 27; *Wank*, Die Auslegung von Gesetzen, S. 67.

[216] *Schlehofer*, JuS 1992, 572 (575); in dieser Richtung wohl auch *Sauer*, in: Krüper, Grundlagen des Rechts, § 9 Rn. 19 f., sowie *Rüthers/Fischer/Birk*, Rechtstheorie, Rn. 708 f.

[217] BVerfGE 47, 253 (275).

[218] *Schlehofer*, JuS 1992, 572 (575).

[219] *Rüthers/Fischer/Birk*, Rechtstheorie, Rn. 790; *Schlehofer*, JuS 1992, 571 (575 f.); *Wank*, Die Auslegung von Gesetzen, S. 68.

Materialien nicht zwangsläufig gleichgesetzt werden können mit dem Willen des Gesetzgebers. So kann die Auffassung der Parlamentsmehrheit zu einzelnen Rechtsfragen von der in den Materialien zum Ausdruck kommenden abweichen.[220] Daher stellen diese Äußerungen lediglich Indizien dar.[221] Sie sind dennoch von erheblichem Wert für die historische Auslegung, da anzunehmen ist, dass die Verfasser sich bei der Auswahl der verwendeten Formulierungen über deren Tragweite Gedanken gemacht haben und bemüht waren, sie so auszuwählen, dass sie der von ihnen geteilten und konkretisierten Regelungsabsicht des Gesetzgebers im engeren Sinne nahe kommen.[222] Die in den Materialien geäußerten Zwecksetzungen werden dem Gesetzgeber – sofern sich nicht ausnahmsweise ergibt, dass die Mehrheit der an dem Gesetzgebungsverfahren beteiligten Personen einzelne Ansichten nicht teilt[223] – faktisch zugerechnet; schließlich denkt, handelt und bekundet dieser seinen Willen über die einzelnen Verfahrensbeteiligten.[224]

1. Schlussfolgerungen aus der Entstehungsgeschichte des § 105 JGG hinsichtlich des Kriteriums des „ungefestigten, noch prägbaren Menschen"

In der Begründung zur Einführung des § 105 JGG wird darauf verwiesen, dass Heranwachsende vielfach erzieherischen Einwirkungen besonders zugänglich seien.[225] Sofern ihre Erziehungsfähigkeit im Einzelfall bejaht werde, verdiene die Anwendung des Jugendstrafrechts gegenüber den allgemeinen Vorschriften den Vorzug, da dadurch stets die erzieherisch adäquate Maßnahme ermöglicht werde.[226] Die Personengruppe der Heranwachsenden erscheine nämlich den beweglichen Reaktionsmitteln des Jugendstrafrechts zugänglicher zu sein als den starren Formen des allgemeinen Strafrechts.[227] Auch der 23. Ausschuss für Rechtswesen und Verfassungsrecht, der sich mit dem Regierungsentwurf zu beschäftigen hatte, führte die Straftaten vieler Heranwachsender auf Erziehungsmängel zurück und sah in diesen Fällen die erzieherischen Mittel des Jugendstrafrechts als adäquate Maßnahmen zur Vermeidung weiterer Straftaten an.[228] Wie im Rahmen der systematischen Auslegung dargelegt, bezieht sich der Begriff der „Erziehung" allgemeinsprachlich und fachspezifisch auf einen ungefestigten Menschen. Indem der Gesetzgeber die Anwendung von Jugendstrafrecht auf Heranwachsende von ihrer Erziehungsfähigkeit abhängig macht, spricht er sich für eine Auslegung der Voraussetzungen des § 105

---

[220] *Schlehofer*, JuS 1992, 572 (576).

[221] *Schlehofer*, JuS 1992, 572 (576).

[222] *Larenz/Canaris*, Methodenlehre der Rechtswissenschaft, S. 150.

[223] *Schlehofer*, JuS 1992, 572 (576).

[224] *Looschelders/Roth*, Juristische Methodik im Prozess der Rechtsanwendung, S. 158; *Sauer*, in: Krüper, Grundlagen des Rechts, § 9 Rn. 31.

[225] BT-Dr. 1/3264, S. 36.

[226] BT-Dr. 1/3264, S. 36.

[227] BT-Dr. 1/3264, S. 36.

[228] BT-Dr. 1/4437, S. 2.

Abs. 1 JGG aus, die diesem Erfordernis Rechnung trägt. Damit vermag die historische Auslegung das Kriterium eines „ungefestigten Menschen“ zu stützen. Der Verweis auf die Zugänglichkeit Heranwachsender hinsichtlich der beweglichen Reaktionsmittel des Jugendstrafrechts streitet weiterhin für das Kriterium der „Prägbarkeit“ im Sinne einer Motivierbarkeit zur Legalbewährung. Denn eine Reaktion verfolgt stets ein konkretes Ziel und das primäre Ziel des Jugendstrafrechts besteht nach § 2 Abs. 1 S. 1 JGG in der Spezialprävention.

Eine weitere Passage in der Gesetzesbegründung legt es ebenso wie die systematische Auslegung nahe, den im strafrechtlichen Sinne Erwachsenen als Vergleichsmaßstab für das Kriterium des „ungefestigten Menschen“ heranzuziehen. So wird hinsichtlich der Voraussetzungen des § 105 Abs. 1 JGG ausgeführt: „Nur wenn eine Spät- oder Fehlentwicklung vorliegt oder wenn der Heranwachsende eine unverkennbare Jugendverfehlung begeht, wird die Anwendung des Jugendstrafrechts zwingend vorgeschrieben. Als Spätentwicklung ist jede Verzögerung des Reifungsprozesses zu verstehen, die auf biologischen Gründen beruhen oder durch die besonderen Verhältnisse des Krieges und der Nachkriegszeit verursacht sein kann. Ist in diesen Fällen der junge Mensch nach seiner geistigen und sittlichen Entwicklung über die Reife eines Jugendlichen noch nicht hinausgekommen, so erscheint es gerechtfertigt, ihn auch strafrechtlich wie einen Jugendlichen zu behandeln. Damit sind jedoch noch nicht alle Fälle erfaßt, in denen die Anwendung von Jugendstrafrecht geboten ist. Es gibt gerade in der Gegenwart zahlreiche Heranwachsende, die nach ihrem Reifegrad den Jugendlichen nicht mehr gleichstehen, aber durch die Auswirkungen der Kriegs- und Nachkriegszeit ohne großes eigenes Verschulden aus der Bahn geworfen sind. Sie sind vielfach erzieherischen Einwirkungen besonders zugänglich. Soweit ihre Erziehungsfähigkeit im Einzelfall bejaht wird, dürfte die Anwendung des Jugendstrafrechts gegenüber den allgemeinen Vorschriften den Vorzug verdienen, weil dadurch stets die erzieherisch richtige Maßnahme ermöglicht wird.“[229]

Der Entwurf differenziert zwischen einer unverkennbaren Jugendverfehlung i.S.d. § 105 Abs. 1 Nr. 2 JGG, die als solche nicht näher erläutert wird, sowie einer Spät- oder Fehlentwicklung. Die Fallkonstellationen einer Spätentwicklung werden als eine Verzögerung des Reifungsprozesses umschrieben. Sie sind eindeutig § 105 Abs. 1 Nr. 1 JGG zuzuordnen. Denn sie werden dahingehend konkretisiert, dass der Heranwachsende in seiner sittlichen und geistigen Entwicklung noch nicht über die Reife eines Jugendlichen hinausgekommen ist.

Indes stellt der Gesetzgeber ausdrücklich fest, dass damit noch nicht alle Fälle erfasst sind, in denen die Anwendung von Jugendstrafrecht geboten erscheint. So umschreibt er Konstellationen einer Fehlentwicklung als solche, in denen der Heranwachsende zwar den Reifegrad, mithin den sittlich-geistigen Entwicklungsstand eines Jugendlichen überschritten hat, jedoch ohne eigenes Verschulden aus der Bahn geworfen und den erzieherischen Einwirkungen des Jugendstrafrechts besonders

[229] BT-Dr. 1/3264, S. 36.

zugänglich ist. Auf den ersten Blick erscheint eine Erfassung dieser Konstellation über § 105 Abs. 1 Nr. 1 JGG irritierend, da die Voraussetzung, dass der Heranwachsende seinem sittlich-geistigen Entwicklungsstand nach einem Jugendlichen gleichstehen muss, nicht erfüllt ist. Der vermeintliche Widerspruch lässt sich jedoch auflösen. Denn der Regierungsentwurf sah neben den zwei heute geltenden Anwendungsalternativen des § 105 Abs. 1 Nr. 1 und Nr. 2 JGG noch eine weitere vor. So sollte Jugendstrafrecht auch dann auf den Heranwachsenden Anwendung finden, „wenn die Verfehlung überwiegend auf nachhaltig ungünstigen Umweltbedingungen beruht und erzieherische Einwirkungen Erfolg versprechen.“[230]. Dieser in dem Entwurf vorgesehenen dritten Anwendungsalternative, mit welcher man die schweren Folgen der Kriegs- und Nachkriegszeit für die Gruppe der Heranwachsenden berücksichtigen wollte,[231] sind die Konstellationen der Fehlentwicklungen zuzuordnen. Letztlich hat diese Anwendungsvoraussetzung jedoch keinen Niederschlag in dem heute geltenden § 105 Abs. 1 JGG gefunden. Dies ist auf einen Änderungsvorschlag des damaligen Bundesrates zurückzuführen. Er plädierte für eine Streichung dieser Alternative, da mit ihr in nicht unerheblichem Umfang mit dem Grundsatz des Jugendstrafrechts gebrochen werden würde, auf die Täterpersönlichkeit in ihrer geistigen und sittlichen Entwicklung abzustellen.[232] Stattdessen sollten in den heute geltenden § 105 Abs. 1 Nr. 1 JGG die Worte „bei Berücksichtigung auch der Umweltbedingungen“ eingeführt werden, um diese Gesichtspunkte in angemessenem Umfang berücksichtigen zu können.[233] Diesen Änderungsvorschlag hat die damalige Bundesregierung gebilligt.[234] Der Regierungsentwurf ist in seiner letzten Fassung mit Blick auf § 105 Abs. 1 JGG ohne weitere Änderungen vom damaligen Bundestag verabschiedet worden.[235]

Es gibt zwei denkbare Deutungsmöglichkeiten hinsichtlich des Umgangs mit den im ursprünglichen Regierungsentwurf vorgesehenen Konstellationen der Fehlentwicklungen. Einerseits könnte man die Änderungsbegründung dahingehend deuten, dass man diese Fallkonstellationen durch das Einfügen der Worte „bei Berücksichtigung auch der Umweltbedingungen“ als von § 105 Abs. 1 Nr. 1 JGG erfasst ansehen wollte. Für diese Deutung spricht insbesondere der Umstand, dass es der Regierung, wie im gesamten Entwurf deutlich wird, in besonderem Maße auf eine gesteigerte Berücksichtigung der an kriegsbedingten Fehlentwicklungen leidenden Heranwachsenden ankam.[236] Vor diesem Hintergrund hätte sie, wie bei diversen anderen Änderungsvorschlägen des Bundesrates geschehen,[237] Widerspruch einge-

[230] BT-Dr. 1/3264, S. 5.

[231] BT-Dr. 1/3264, S. 44.

[232] BT-Dr. 1/3264, S. 56.

[233] BT-Dr. 1/3264, S. 56.

[234] BT-Dr. 1/3264, S. 61.

[235] BGBl. I 1953, S. 751 (766).

[236] So sollte für diese bei der Bejahung der Anwendungsvoraussetzungen „kein zu strenger Maßstab anzulegen sein“, BT-Dr. 1/3264, S. 44.

[237] BT-Dr. 1/3264, S. 61 ff.

legt, wenn sie den Änderungsvorschlag des Bundesrates nicht im Sinne einer Erfassung dieser Fälle durch § 105 Abs. 1 Nr. 1 JGG verstanden hätte. Legt man diese Deutung zugrunde, so soll § 105 Abs. 1 Nr. 1 JGG nach dem gesetzgeberischen Willen auch dann Anwendung finden, wenn der Heranwachsende den sittlich-geistigen Entwicklungsstand eines Jugendlichen bereits überschritten hat. Der Reifegrad eines Menschen im Alter zwischen 14 und 17 Jahren kann demzufolge nicht der absolute Maßstab innerhalb des § 105 Abs. 1 Nr. 1 JGG sein. Die Voraussetzung des „Aus-der-Bahn-Geworfen-Seins“ und der Verweis darauf, dass „geistig und charakterlich normal entwickelte Heranwachsende grundsätzlich wie Erwachsene“[238] zu behandeln seien, deuten vielmehr auf eine Grenzziehung bei dem Entwicklungsstand eines (im strafrechtlichen Sinne) Erwachsenen hin. Diese Deutung des Gesetzgebungsverlaufs vermag damit eine Präzisierung des Merkmals „ungefestigt“ in der Art zu stützen, dass die Persönlichkeit des Delinquenten hinter dem Idealtypus eines autonomen, in der Lebensführung eine gewisse Beständigkeit zeigenden Erwachsenen zurückbleiben muss.

Andererseits könnte man in der Streichung der dritten Alternative aber auch ein generelles Abstandnehmen von der Erfassung der Konstellationen von Fehlentwicklungen erblicken. Bei dieser Deutung verbliebe nur noch die auf Spätentwicklungen abstellende und als solche originär § 105 Abs. 1 Nr. 1 JGG zuzuordnende Begründung, die keine näheren Anhaltspunkte für eine Konkretisierung des Kriteriums „ungefestigt“ liefert. In Anbetracht des besonderen Stellenwertes, den die Berücksichtigung der Kriegs- und Nachkriegsfolgen bei Heranwachsenden in dem Gesetzentwurf einnimmt, ist es jedoch unwahrscheinlich, dass diese Deutung zutrifft.

2. Schlussfolgerungen aus der Entstehungsgeschichte des § 105 JGG hinsichtlich des Kriteriums des „Wirkens von Entwicklungskräften in größerem Umfang“

Für das Erfordernis des „Wirkens von Entwicklungskräften in größerem Umfang“ finden sich in der Gesetzesbegründung hingegen keine direkten Anhaltspunkte. Man könnte insoweit allenfalls auf die dem § 105 Abs. 1 Nr. 1 JGG zugeordneten Konstellationen der „Spätentwicklungen“ Bezug nehmen. Diese werden als eine Verzögerung des Reifungsprozesses umschrieben und der Begriff Verzögerung könnte allgemeinsprachlich implizieren, dass ein Fortschritt noch möglich ist. Zwingend ist diese Begriffsdeutung jedoch nicht, zumal sie sich auch nicht unmittelbar aus den Gesetzesmaterialen ergibt.

[238] BT-Dr. 1/3264, S. 36.

3. Zwischenergebnis: „Ungefestigter, noch prägbarer Mensch"

Die historische Auslegung stützt das Kriterium des „ungefestigten, noch prägbaren Menschen" sowie dessen Konkretisierung über eine Persönlichkeit, die hinter dem Typus eines Erwachsenen im strafrechtlichen Sinne zurückbleibt. Für das Kriterium des „Wirkens von Entwicklungskräften in größerem Umfang" liefert der Gesetzgebungsverlauf hingegen keine Anhaltspunkte.

IV. Teleologische Auslegung – Abwägung bei Entscheidungsspielräumen innerhalb der verfassungsrechtlich vorgeschriebenen Auslegungskriterien

Als häufig besonders stark gewichtete Auslegungsmethode wird die sog. teleologische Auslegung, die Auslegung nach dem Sinn und Zweck eines Gesetzes herangezogen.[239] Fraglich ist allerdings, wie dieser Sinn und Zweck zu ermitteln sind. Vertreter einer objektiv-teleologischen Auslegung fragen danach, welche Zwecke das Gesetz – losgelöst von einem entsprechenden Bewusstsein und Willensakt des Gesetzgebers – unter Berücksichtigung der Gesamtrechtsordnung (wohl) vernünftigerweise verfolgt.[240] Dabei gilt es allerdings zu beachten, dass sich die Ratio eines Gesetzes erst aus seinen Merkmalen ergibt; sie ist das Ergebnis der Auslegung und kann somit nicht zugleich ihr Mittel sein.[241] Präzise betrachtet betreibt der Rechtsanwender im Rahmen der sog. teleologischen Auslegung keine Sinn*erkenntnis*, sondern eine Sinn*gebung*.[242] Da sich die Verbindlichkeit dieses Kriteriums im Gegensatz zu den drei anderen nicht verfassungsrechtlich begründen lässt, kann es allenfalls in den Fällen herangezogen werden, in denen nach Anwendung der grundgesetzlichen Auslegungskriterien noch ein entsprechender Interpretationsspielraum verbleibt.[243] Vor diesem Hintergrund ist den Vertretern einer subjektiv-teleologischen Auslegung, die die Zwecksetzung des Gesetzgebers in den Fokus rückt[244], insoweit zuzustimmen, dass für eine entsprechende Sinngebung nur dort Raum verbleibt, wo die restlichen Auslegungskriterien zu keinem eindeutigen Ergebnis führen.[245]

---

[239] *Wessels/Beulke/Satzger*, AT, Rn. 84 m.w.N.; *Wank*, Die Auslegung von Gesetzen, S. 71 ff.

[240] *Larenz/Canaris*, Methodenlehre der Rechtswissenschaft, S. 153 ff.

[241] *Schlehofer*, JuS 1992, 572 (576).

[242] *Puppe*, Kleine Schule des juristischen Denkens, S. 149 f.; *Rüthers/Fischer/Birk*, Rechtstheorie, Rn. 810; *Schlehofer*, JuS 1992, 572 (576).

[243] *Schlehofer*, JuS 1992, 572 (576).

[244] *Rüthers/Fischer/Birk*, Rechtstheorie, Rn. 717 ff.; *Sauer*, in: Krüper, Grundlagen des Rechts, § 9 Rn. 28.

[245] *Looschelders/Roth*, Juristische Methodik im Prozess der Rechtsanwendung, S. 160 f.; *Reimer*, Juristische Methodenlehre, Rn. 362.

Hinsichtlich des Kriteriums des „ungefestigten, noch prägbaren Menschen" konnten sowohl aus dem Wortlaut als auch aus der Systematik als auch aus der Entstehungsgeschichte der Norm Argumente generiert werden. Es handelt sich um ein mittels all dieser Auslegungsmethoden eindeutig ableitbares Kriterium. Daher bedarf es insoweit keiner Sinngebung im Rahmen einer teleologischen Auslegung.

Mit Blick auf das von der h.M. zusätzlich geforderte Kriterium des „Wirkens von Entwicklungskräften in größerem Umfang" konnten hingegen lediglich aus der Wortlautauslegung Argumente entwickelt werden. Die historische Auslegung lieferte keine Anhaltspunkte für ein solches Erfordernis. Die systematische Auslegung lässt dieses sogar nicht zu. Daher ist hinsichtlich dieses Kriteriums ebenfalls kein Interpretationsspielraum für eine teleologische Auslegung zu erblicken. Mithin streiten die verfassungsrechtlich verbindlichen Kriterien in der Gesamtschau gegen das Erfordernis des Wirkens von Entwicklungskräften in größerem Umfang.[246]

V. Zusammenfassung der Untersuchungsergebnisse zu den Voraussetzungen des § 105 Abs. 1 Nr. 1 JGG

Die Wortlautauslegung des Begriffs des „Jugendlichen" i.R.d. § 105 Abs. 1 Nr. 1 JGG hat ergeben, dass im Ausgangspunkt die Legaldefinition in § 1 Abs. 2 JGG maßgeblich ist. Der Heranwachsende muss demnach in seiner sittlich-geistigen Entwicklung einem Menschen im Alter zwischen 14 und 17 Jahren gleichstehen. Aus der systematischen und historischen Auslegung ergibt sich jedoch eine Korrektur der Obergrenze. Der Heranwachsende steht auch dann noch einem Jugendlichen i.S.d. § 105 Abs. 1 Nr. 1 JGG gleich, wenn er einen sittlich-geistigen Entwicklungsstand aufweist, der hinter dem eines schuldfähigen 21-Jährigen zurückbleibt. Alle verfassungsrechtlich verbindlichen Auslegungskriterien (Wortlaut, Systematik und Entstehungsgeschichte der Norm) streiten für eine Konkretisierung eines solchen sittlich-geistigen Entwicklungsstandes mittels des Kriteriums des „ungefestigten, noch prägbaren Menschen". Im Ergebnis steht ein Heranwachsender einem Jugendlichen i.S.d. § 105 Abs. 1 Nr. 1 JGG dann gleich, wenn er hinter dem Idealtypus eines autonomen, in der Lebensführung eine gewisse Beständigkeit zeigenden Erwachsenen zurückbleibt und mit den vorrangig spezialpräventiv ausgerichteten Rechtsfolgen des JGG zu einem legalen Verhalten motivierbar ist.

---

[246] Dieses Kriterium wohl auch ablehnend *Pruin*, Die Heranwachsendenregelung im deutschen Jugendstrafrecht, S. 27, die (ohne umfassende methodische Aufarbeitung des Problems) darauf verweist, dass der BGH in den einschlägigen Fallkonstellationen eines Entwicklungsabschlusses nicht anders entscheiden könne, ohne sich den Vorwurf der Inkonsequenz einzuhandeln, solange er das „Wirken von Entwicklungskräften" zum Maßstab nimmt. Insoweit ist es inkonsequent, wenn einzelne Vertreter in der Literatur einerseits das Erfordernis des Wirkens von Entwicklungskräften postulieren, andererseits aber das Vorgehen der Rechtsprechung, in den genannten Fallkonstellationen nach allgemeinem Strafrecht abzuurteilen, kritisieren, so z. B. *Beulke/Swoboda*, Jugendstrafrecht, Rn. 202, 212.

Das von der h.M zusätzlich aufgestellte Kriterium des „Wirkens von Entwicklungskräften in größerem Umfang“ ist keine Voraussetzung für das Einem-Jugendlichen-Gleichstehen i.S.d. § 105 Abs. 1 Nr. 1 JGG. Daher sind in Fallkonstellationen, in denen Heranwachsende bei abgeschlossener Entwicklung auf der Reifestufe eines Jugendlichen verharren, die Voraussetzungen des § 105 Abs. 1 Nr. 1 JGG zu bejahen.

Schließlich hat sich die alternative Deutung, die auf eine nicht pathologisch und damit entwicklungsbedingt verminderte Schuldfähigkeit abstellt, im Ergebnis als systematisch nicht stimmig erwiesen.

VI. Nachweisbarkeit des Kriteriums des „ungefestigten, noch prägbaren Menschen“

Fraglich ist, wie das Kriterium des „ungefestigten, noch prägbaren Menschen“ in der konkreten Rechtsanwendung nachgewiesen werden kann.

1. Kriterienkatalog der *Marburger Richtlinien*

Zur Feststellung wird häufig auf die bereits angesprochenen *Marburger Richtlinien*[247] Bezug genommen.[248] Danach soll „ein Heranwachsender einem Jugendlichen oft in seiner sittlichen und geistigen Entwicklung dann gleichzustellen sein, wenn seine Persönlichkeit insbesondere folgende Züge vermissen lässt: eine gewisse Lebensplanung, Fähigkeit zu selbständigem Urteilen und Entscheiden, Fähigkeit zu zeitlich überschauendem Denken, Fähigkeit, Gefühlsurteile rational zu unterbauen, ernsthafte Einstellung zur Arbeit, gewisse Eigenständigkeit zu anderen Menschen [...]. Charakteristische jugendtümliche Züge können u.a. sein: Ungenügende Ausformung der Persönlichkeit, Hilflosigkeit (die sich nicht selten hinter Trotz und Arroganz versteckt), naiv-vertrauensseliges Verhalten, Leben nach dem Augenblick, starke Anlehnungsbedürftigkeit, spielerische Einstellung zur Arbeit, Neigung zum Tagträumen, Hang zu abenteuerlichem Handeln, Hineinleben in selbstwerterhöhende Rollen, mangelnder Anschluß an Altersgenossen [...]“[249].

Diese Richtlinien sind in zwei nachfolgenden empirischen Untersuchungen[250] mit dem Ergebnis folgender Reifekriterien evaluiert worden: realistische Lebensplanung, Eigenständigkeit im Verhältnis zu den Eltern, Eigenständigkeit im Verhältnis

---

[247] Veröffentlicht in MSchrKrim 1955, 58 ff.

[248] *Brunner/Dölling*, § 105 Rn. 5 ff.; *Laubenthal/Baier/Nestler*, Jugendstrafrecht, Rn. 93 ff.; *Meier/Bannenberg/Höffler*, Jugendstrafrecht, § 5 Rn. 23 f.; *Remschmidt/Rössner*, HK-JGG, § 105 Rn. 26 ff.; *Beulke/Swoboda*, Jugendstrafrecht, Rn. 203 ff.; *Streng*, Jugendstrafrecht, Rn. 76 f.; *Sonnen*, D/S/S, § 105 Rn. 17 ff.

[249] MSchrKrim 1955, 58 (60).

[250] *Esser/Fritz/Schmidt*, MSchrKrim 1991, 356 ff.; *Esser*, DVJJ-Journal 1999, 37 ff.

zu Gleichaltrigen/Partnern, ernsthafte Einstellung zur Arbeit, äußerer Eindruck, realistische Alltagsbewältigung, Alter der Freunde, Bindungsfähigkeit, Integration von Eros und Sexus und konsistente berechenbare Stimmungslage. In den Untersuchungen wurden die einzelnen Kriterien jeweils vier Reifestufen zugeordnet: kindlich, jugendlich, heranwachsend sowie erwachsen.[251] Da § 105 Abs. 1 Nr. 1 JGG ausdrücklich ein Gleichstehen des Heranwachsenden mit einem Jugendlichen fordert, ist bei der Anwendung des Kriterienkatalogs der Fokus auf die Reifestufe des Jugendlichen zu legen, wobei im Wege eines Erst-Recht-Schlusses auch die Reifestufe des Kindes erfasst werden darf. Im Einzelnen werden die Indizien hinsichtlich einer Jugendlichen-Reife wie folgt konkretisiert.

a) Die Kriterien im Einzelnen

Als erstes Kriterium für die Einschätzung des sittlich-geistigen Entwicklungsstandes eines Delinquenten wird eine realistische Lebensplanung angeführt. Diese erstrecke sich auf zwei Teilbereiche, Berufswahl sowie Partnerschaft/Familie.[252] Ein Mangel an realistischer Lebensplanung, der auf den Reifestand eines Jugendlichen hindeute, soll sich beispielsweise durch eine Berufswahl ausschließlich nach subjektiven Valenzen und losgelöst von den eigenen Fähigkeiten oder das Fehlen berufsbezogener Vorstellungen zeigen.[253]

Als weiteres Kriterium wird einerseits die Eigenständigkeit im Verhältnis zu den Eltern aufgestellt, in Bezug auf welche sich relevante Mängel in dem Fehlen eines Ablösungsprozesses sowie der weitgehenden Abhängigkeit vom Urteil derselben äußern könnten.[254] Zum anderen soll der Heranwachsende auch auf seine Eigenständigkeit im Verhältnis zu Gleichaltrigen/Partnern untersucht werden.[255] Insoweit könnten sich für einen Jugendlichen typische Defizite z. B. in der Einnahme der Rolle des Mitläufers oder in der unreflektierten Übernahme fremder Wertesysteme manifestieren.[256]

Ein weiteres Reifekriterium stelle eine ernsthafte Einstellung zu Arbeit und Schule dar. Die eine Gleichstellung mit einem Jugendlichen nahe legenden Mängel in diesem Bereich könnten sich durch Instabilität in der Erfüllung der Anforderungen sowie durch das Fehlen einer Einbindung von Schule/Beruf in den persönlichen Sinnzusammenhang dokumentieren.[257]

---

[251] *Esser/Fritz/Schmidt*, MSchrKrim 1991, 356 (359); *Esser*, DVJJ-Journal 1999, 37 (38).

[252] *Esser/Fritz/Schmidt*, MSchrKrim 1991, 356 (359 f.).

[253] *Esser/Fritz/Schmidt*, MSchrKrim 1991, 356 (360).

[254] *Esser/Fritz/Schmidt*, MSchrKrim 1991, 356 (360).

[255] *Esser/Fritz/Schmidt*, MSchrKrim 1991, 356 (361).

[256] *Esser/Fritz/Schmidt*, MSchrKrim 1991, 356 (361).

[257] *Esser/Fritz/Schmidt*, MSchrKrim 1991, 356 (361).

Ebenfalls in die Reifebeurteilung einfließen soll der äußere Eindruck, welcher sich aus einer Berücksichtigung der Gesichtszüge sowie der Figur und Größe zusammensetze.[258]

Hinsichtlich des weiteren Reifekriteriums der realistischen Alltagsbewältigung sollen eine Gleichstellung mit einem Jugendlichen indizierende Mängel in einer fehlenden Strukturierung und einer nur mangelhaften Berücksichtigung objektiver Anforderungen zutage treten können.[259]

Weiterhin sei in die Reifebewertung das Alter der Freunde einzubeziehen, wobei viele jüngere Freunde, zu denen man keine gleichberechtigte Beziehung führt, tendenziell für eine Einordnung als Jugendlicher sprächen.[260]

Einen weiteren Reifeindikator stelle die soziale Bindungsfähigkeit dar. Für die Gleichstellung mit einem Jugendlichen relevante Defizite sollen sich vor allem in kurzen, oberflächlichen Beziehungen widerspiegeln, die durch das Fehlen von Offenheit, Vertrauen und Gleichberechtigung geprägt sind.[261] Hinsichtlich intimer Beziehungen soll die fehlende Integration von Eros und Sexus in den Fokus rücken und sich in der Aufrechterhaltung solcher Beziehungen über einen nur kurzen Zeitraum zeigen.[262]

Schließlich wird noch auf das Vorliegen einer konsistenten, berechenbaren Stimmungslage als relevanter Reifefaktor verwiesen.[263] Hinsichtlich dieses Kriteriums sollen sich Mängel beispielsweise in heftigen Stimmungswechsel aus geringfügigem Anlass zeigen.[264]

b) Aussagekraft des Kriterienkatalogs

Die *Marburger Richtlinien* werden unter Berücksichtigung der zwei Nachfolgeuntersuchungen weitgehend als empirisch abgesicherte Indizien für die Feststellung einer fehlenden Persönlichkeitsausreifung[265] anerkannt.[266] Teilweise wird ein-

[258] *Esser/Fritz/Schmidt*, MSchrKrim 1991, 356 (361).

[259] *Esser/Fritz/Schmidt*, MSchrKrim 1991, 356 (361).

[260] *Esser/Fritz/Schmidt*, MSchrKrim 1991, 356 (362).

[261] *Esser/Fritz/Schmidt*, MSchrKrim 1991, 356 (362).

[262] *Esser/Fritz/Schmidt*, MSchrKrim 1991, 356 (362).

[263] *Esser/Fritz/Schmidt*, MSchrKrim 1991, 356 (362).

[264] *Esser/Fritz/Schmidt*, MSchrKrim 1991, 356 (362).

[265] Mit Ausnahme des Kriteriums des „Äußeren Eindrucks", welches im Kontext eines inneren Merkmals wie des Einem-Jugendlichen-Gleichstehens in der sittlich-geistigen Entwicklung als nicht aussagekräftig erachtet wird, *Ostendorf*, NK-JGG, § 105 Rn. 10.

[266] *Brunner/Dölling*, § 105 Rn. 5 ff.; *Günter*, Forens Psychiatr Psychol Kriminol 2008, 169 (176); *Laue*, MüKo-StGB, § 105 JGG Rn. 21 m.w.N.; *Laubenthal/Baier/Nestler*, Jugendstrafrecht, Rn. 93 f.; *Meier/Bannenberg/Höffler*, Jugendstrafrecht, § 5 Rn. 23 ff.; *Remschmidt/Rössner*, HK-JGG, § 105 Rn. 26 ff.; *Sonnen*, D/S/S, § 105 Rn. 17 f.; *Streng*, Jugendstrafrecht, Rn. 76 f.

gewandt, dass es sich bei diesen Indizien lediglich um Zuschreibungen negativer Eigenschaften bei strafrechtlich registrierten Personen und gerade nicht um Reifekriterien handle.[267] Diese These ist jedoch durch die Ergebnisse der beiden Nachfolgeuntersuchungen zu den Richtlinien widerlegt worden.[268] Mittels dieser Studien konnte nachgewiesen werden, dass die 10 evaluierten Kriterien tatsächlich reifeabhängig sind.[269] So wurden die ursprünglichen Teilnehmer der ersten Untersuchung aus dem Jahr 1991 im Alter von 25 Jahren mit dem identischen Instrumentarium nachuntersucht.[270] Dabei zeigten sich „für alle gemessenen Einzelmerkmale im Ausmaß deutliche und statistisch hoch signifikante Unterschiede im Sinne einer höheren Reife der 25jährigen"[271]. Vor diesem Hintergrund kann davon ausgegangen werden, dass die evaluierten Kriterien tatsächlich eine Veränderungen unterworfene Reife beschreiben.[272] Dies bekräftigt auch eine Replikationsstudie aus dem Jahr 1997,[273] die bei 18-Jährigen eine akzeptable Zuverlässigkeit der Kriterien als gegeben ansah.[274] Auch die Rechtsprechung scheint diese Kriterien zu billigen, wenn sie beispielsweise das Vorherrschen des Gefühls- und Trieblebens sowie eine allgemeine Unausgeglichenheit, das Ausweichen vor Belastungen, das Leben in den Tag hinein sowie generelle Labilität[275] oder das Fehlen von Kontinuität im Berufsweg und einer ernsthaften Lebensplanung[276] als Hinweise auf das Einem-Jugendlichen-Gleichstehen deutet. Die evaluierten Indizien der *Marburger Richtlinien* sind jedoch kein abschließender Kriterienkatalog. Vielmehr ist, wie es § 105 Abs. 1 Nr. 1 JGG auch ausdrücklich verlangt, eine Gesamtwürdigung der Persönlichkeit vorzunehmen, in die auch weitere Gesichtspunkte einfließen können.[277] Beispielsweise kann die Sozialisation des Heranwachsenden in einem anderen Kulturkreis zu einem schwerwiegenden, in die Bewertung einzubeziehenden Kulturkonflikt mit entsprechenden Reifeverzögerungen führen.[278]

---

[267] Vgl. *Eisenberg/Kölbel*, JGG, § 105 Rn. 22 m.w.N.

[268] *Günter*, Forens Psychiatr Psychol Kriminol 2008, 169 (176).

[269] Vgl. die Analyse von *Remschmidt/Rössner*, HK-JGG, § 105 Rn. 30.

[270] *Remschmidt/Rössner*, HK-JGG, § 105 Rn. 30.

[271] *Esser*, DVJJ-Journal 1999, 37 (38).

[272] *Esser*, DVJJ-Journal 1999, 37 (39).

[273] *Lösel/Bliesener*, DVJJ-Journal 1997, 387 ff.

[274] *Lösel/Bliesener*, DVJJ-Journal 1997, 387 (391); *Remschmidt/Rössner*, HK-JGG, § 105 Rn. 30.

[275] BGH StV 1994, 607 f.; LG Kaiserslautern, ZJJ 2015, 76.

[276] Siehe Nachweise bei *Böhm*, NStZ 1989, 521 (524); OLG Hamm StV 2001, 182.

[277] *Meier/Bannenberg/Höffler*, Jugendstrafrecht, § 5 Rn. 24.

[278] *Ostendorf*, NK-JGG, § 105 Rn. 15 m.w.N.; *Meier/Bannenberg/Höffler*, Jugendstrafrecht, § 5 Rn. 24; zum Streitstand um die Anwendbarkeit der *Marburger Richtlinien* auf Heranwachsende aus anderen Kulturkreisen vgl. auch *Remschmidt/Rössner*, HK-JGG, § 105 Rn. 30, die die Aussagekraft der Richtlinien auch für diese spezielle Gruppe bejahen.

2. Kriterienkatalog der *Bonner-Delphi-Studie*

Als Alternative zu den *Marburger Richtlinien* ist die *Bonner Delphi-Studie* entwickelt worden, welche ebenfalls von der Rechtsprechung gebilligt wird[279]. In dieser haben verschiedene mit dem Jugendstrafrecht befasste Experten (Juristen, Mediziner und Psychologen) im Rahmen einer anonymen schriftlichen Befragung ihre Einschätzung hinsichtlich geeigneter Kriterien zur Feststellung der Voraussetzungen des § 105 Abs. 1 Nr. 1 JGG abgegeben.[280] Die Ergebnisse dieser Befragung wurden im Anschluss umfassend statistisch ausgewertet, um verlässliche Indikatoren zur Bestimmung des sittlich-geistigen Entwicklungsstandes zu generieren.[281] So konnten mittels sog. CHAID-Analysen, mithin speziellen Verfahren zur Konstruktion von Entscheidungsbäumen zehn Entscheidungsalgorithmen/Skalen ermittelt werden, welche die psychosoziale Entwicklung Heranwachsender erfassbar machen sollen.[282] Dabei wurden jeder Skala „Items", d. h. Unterkriterien[283] zugeordnet, welche die einzelnen Skalen in ihrer Gesamtschau repräsentieren und damit erfassbar machen. Es wurden jedoch nur solche Items einbezogen, die eine hohe „Effektstärke" aufwiesen.[284] Hierbei handelt es sich um ein Distanzmaß, welches in casu die Größe des Unterschieds zwischen dem jeweiligen Itemwert eines Jugendlichen und dem eines Erwachsenen beschreibt und damit eine Einschätzung der inhaltlichen Bedeutung des einzelnen Items für die Reifebeurteilung erlaubt.[285] Zur Interpretation von Effektstärken wird in der Wissenschaft folgende, der Konvention von *J. Cohen* entnommene Orientierung empfohlen: Werte um $r = .10$ sind als kleine, Werte um $r = .30$ als mittlere und Werte ab $r = .50$ als große Effekte anzusehen.[286] Wegen der schwerwiegenden Folgen, die eine Hinzuziehung von Items schwacher Ausprägung haben könnte (falsche Einschätzung des sittlich-geistigen Entwicklungsstandes des Delinquenten), wurden in der Studie nur solche Items einbezogen, die eine besonders hohe Effektstärke von $r \geq .80$ aufwiesen.[287] Somit repräsentieren die einzelnen Items die jeweilige Skala in ihrer Gesamtschau äußerst verlässlich.

[279] In der Entscheidung BGH NStZ-RR 2011, 218 f. hat der BGH lediglich die Außerachtlassung relevanter Gesichtspunkte, nicht jedoch die Heranziehung der *Bonner Delphi-Studie* als solche gerügt.

[280] *Busch/Scholz*, MschrKrim 2003, 421 (425).

[281] *Busch/Scholz*, MschrKrim 2003, 421 (425, 427).

[282] *Busch*, ZJJ 2006, 264 (268).

[283] Diese wurden aus der Expertenbefragung generiert, vgl. zum methodischen Vorgehen ausführlich *Busch*, Rechtspsychologische Begutachtung delinquenter Heranwachsender, S. 87 ff.

[284] Als Maß für die Effektstärke wurde zunächst Cohen's d herangezogen. Die auf dieser Basis ermittelten Werte wurden zur besseren Vergleichbarkeit anschließend in das Korrelationsmaß r transformiert, *Busch/Scholz*, MSchrKrim 2003, 421 (428).

[285] *Busch/Scholz*, MSchrKrim 2003, 421 (428).

[286] *Busch/Scholz*, MSchrKrim 2003, 421 (428).

[287] *Busch/Scholz*, MSchrKrim 2003, 421 (428).

Die Kriterien der *Bonner Delphi-Studie* decken sich in weiten Teilen jedoch mit den evaluierten Kriterien der *Marburger Richtlinien*[288]: So lässt sich der Algorithmus „Soziale Autonomie und Autonomie in der Lebensführung" im Rahmen der *Bonner Delphi-Studie* dem Kriterium der „Eigenständigkeit im Verhältnis zu den Eltern sowie Gleichaltrigen/Partnern" im Rahmen der *Marburger Richtlinien* zuordnen, der Algorithmus „Beziehungen und Partnerschaft" dem Kriterium „Bindungsfähigkeit und Integration von Eros und Sexus", der Algorithmus „Qualifikation und Ziele" dem Kriterium „Ernsthafte Einstellung zu Arbeit und Schule", der Algorithmus „Emotionalität und Impulsivität" dem Kriterium „Konsistente, berechenbare Stimmungslage" und die Algorithmen „Problem- und Konfliktmanagement" sowie „Kommunikation und Reflexivität" den Kriterien „Realistische Lebensplanung" sowie „Realistische Alltagsbewältigung".

In den *Marburger Richtlinien* nicht berücksichtigte Kriterien stellen zum einen die Algorithmen „Umstände und Beweggründe der Tat" dar, welche den Voraussetzungen des tatorientieren § 105 Abs. 1 Nr. 2 JGG entsprechen. Der Autor der Studie hält die Alternativität zwischen den täterbezogenen Voraussetzungen des § 105 Abs. 1 Nr. 1 JGG sowie den tatbezogenen des § 105 Abs. 1 Nr. 2 JGG für künstlich und nicht angebracht.[289] Ohne Bezugnahme auf den konkreten psychosozialen Entwicklungsstatus des Beschuldigten könne man die Besonderheiten der Tat nicht erfassen und umgekehrt ermöglichten die Besonderheiten der Tat Rückschlüsse auf den Entwicklungsstatus.[290] Zum anderen finden auch die Skalen „Werte und Normen" sowie „Familiäre und soziale Umweltbedingungen, einschließlich der dortigen Normorientierung" kein Äquivalent in den *Marburger Richtlinien.* Diese werte- und normorientierten Skalen sollen insbesondere erfassen, inwieweit die für den Heranwachsenden relevanten Bezugspersonen sich an gesellschaftlich akzeptierten Regeln und Normen orientieren und in der Lage sind, diese dem Heranwachsenden zu vermitteln, und inwieweit in der Folge entsprechende Normen von dem Delinquenten als handlungsleitend akzeptiert werden.[291]

3. Zusammenfassung

Zur Feststellung, ob es sich bei einem Heranwachsenden um einen ungefestigten, noch prägbaren Menschen handelt, kann in der konkreten Anwendung auf die weitgehend deckungsgleichen und anerkannten Indizien der *Marburger Richtlinien* sowie der *Bonner Delphi-Studie* zurückgegriffen werden. Diese liefern Anhaltspunkte, um die Persönlichkeitsentwicklung eines Delinquenten einzuschätzen und zu ermitteln, ob er bereits dem Typus eines weitgehend autonomen, in der Le-

---

[288] Vgl. insoweit auch die Gegenüberstellung von *Busch* selbst, Rechtspsychologische Begutachtung Heranwachsender, S. 193 ff.

[289] *Busch*, ZJJ, 2006, 264 (265, 269).

[290] *Busch*, ZJJ, 2006, 264 (265, 269).

[291] *Busch/Scholz*, MschrKrim 2003, 421 (429 f.).

bensführung eine gewisse Beständigkeit zeigenden Erwachsenen entspricht oder nicht.

C. Spezielle Voraussetzungen des § 105 Abs. 1 Nr. 2 JGG: Die Jugendverfehlung

Gem. § 105 Abs. 1 Nr. 2 JGG findet Jugendstrafrecht auf Heranwachsende auch dann Anwendung, wenn es sich nach der Art, den Umständen oder den Beweggründen der Tat um eine Jugendverfehlung handelt.

I. Bedeutungsgehalt

Fraglich ist, wie eine Jugendverfehlung in diesem Sinne zu bestimmen ist. Es existiert weder eine Legaldefinition noch gibt es eine allgemeingültige entwicklungspsychologische, psychiatrische, kriminologische oder sozialwissenschaftliche Erläuterung.[292] Unter Bezugnahme auf den Begriff der „Jugend" muss es sich um solche Delikte handeln, die noch vorwiegend als Auswirkungen der biologischen und psychologischen Reifungsvorgänge erachtet werden können.[293] Da dieselben Rechtsfolgen ausgelöst werden wie im Fall des § 105 Abs. 1 Nr. 1 JGG müssen die Fälle weiterhin den Schluss zulassen, dass der Heranwachsende bei Begehung der Tat nach seiner sittlich-geistigen Entwicklung noch einem Jugendlichen gleichstand.[294] Für eine solche Orientierung an den Voraussetzungen des § 105 Abs. 1 Nr. 1 JGG spricht auch die historische Auslegung. Denn während in der Gesetzesbegründung diese Voraussetzungen ausführlich erläutert werden, wird mit Blick auf die Jugendverfehlung lediglich festgestellt, dass es sich um eine „unverkennbare" handeln müsse.[295] Darin zeigt sich, dass man von einer Prägung des § 105 Abs. 1 JGG durch die Voraussetzungen der Nr. 1 ausging, welche wohl als Richtschnur fungieren sollten. Andernfalls wäre der Begriff der Jugendverfehlung näher erläutert worden. Die Funktion des § 105 Abs. 1 Nr. 2 JGG besteht demnach in einer „Beweiserleichterung" im Vergleich zu der umfassenden Reifeprüfung nach § 105 Abs. 1 Nr. 1 JGG.[296] „Jugendverfehlungen" i.S.d. Norm sind Taten, die die unwiderlegliche Vermutung begründen, dass der Heranwachsende in seiner sittlich-geistigen Ent-

---

[292] *Ostendorf*, NK-JGG, § 105 Rn. 22; *Solich*, Die Jugendverfehlung nach § 105 Abs. I Ziff. 2 JGG, S. 4 f.; *Sonnen*, D/S/S, § 105 Rn. 25.

[293] *Solich*, Die Jugendverfehlung nach § 105 Abs. I Ziff. 2, S. 12 f.

[294] *Schlehofer*, BeckOK-JGG, § 105 Rn. 13.

[295] BT-Dr. 1/3264, S. 36.

[296] *Ostendorf*, NK-JGG, § 105 Rn. 28; *Beulke/Swoboda*, Jugendstrafrecht, Rn. 215; *Sonnen*, D/S/S, § 105 Rn. 11; *Streng*, Jugendstrafrecht, Rn. 82.

wicklung einem Jugendlichen gleichstand. Fraglich ist, in welchen Fällen diese Vermutung gerechtfertigt ist.

1. Konkretisierungsansatz der Rechtsprechung

Nach der Rechtsprechung bedarf es hierzu Taten, die nach ihrem äußeren Erscheinungsbild oder nach den Beweggründen des Täters Merkmale jugendlicher Unreife aufweisen.[297] Ein für Jugendliche typisches Verhalten zeige sich oft in einem Mangel an Ausgeglichenheit, Besonnenheit und Hemmungsvermögen.[298] Es komme darauf an, ob die konkret begangene Tat auf Leichtsinn, Unüberlegtheit oder soziale Unreife zurückzuführen sei.[299] Dass alle Altersklassen bestimmte Delikte begehen, spreche nicht gegen eine Einordnung derselben als Jugendverfehlung.[300] Auch Delikte im Bereich schwerer und schwerster Jugendkriminalität sollen erfasst sein.[301] So sollen insbesondere Delikte aus Imponiergehabe[302], Geltungsdrang und Übermut[303], unbeherrschten Gefühlen oder Trieben[304] oder aus Gruppenzwang heraus[305] dem Anwendungsbereich des § 105 Abs. 1 Nr. 2 JGG unterfallen.[306] Es wird folglich primär auf die Beweggründe der Tat abgestellt.[307]

2. Konkretisierungsansätze in der Literatur

In der Literatur wird entweder die Definition und Unterteilung der Rechtsprechung bestätigt[308] oder es werden ähnliche abstrakte Kriterien entwickelt, wie z. B. „Delikte, die weniger vom Verstand, als umgekehrt vom Gefühl bestimmt sind“[309] oder „Straftaten, die typisch sind für einen Heranwachsenden, der noch nicht den sittlich-geistigen Entwicklungsstand eines schuldfähigen 21-Jährigen erreicht

---

[297] BGH NStZ 1986, 549 (550); BGH NStZ 1987, 366; BGH NStZ 2008, 696; BGH NStZ 2014, 408 (409).

[298] BGH NStZ 1987, 366; BGH NStZ 2008, 696; BGH NStZ 2014, 408 (409).

[299] BGH NStZ 1986, 549 (550); BGH NStZ 1987, 366.

[300] BGH NStZ 2001, 102.

[301] BGH StV 2001, 181; BGH NStZ 2008, 696.

[302] OLG Zweibrücken bei Böhm NStZ 1991, 522 (524); AG Rudolstadt StV 2016, 706 (707).

[303] BGH NStZ-RR 1999, 26 (27); BGH NStZ 2001, 102.

[304] BGH NStZ 1986, 549 (550); BGH NStZ 2014, 408 (409).

[305] BGH NStZ 2001, 102; AG Rudolstadt ZJJ 2017, 284 (285).

[306] Vgl. die Auflistung bei *Sonnen*, D/S/S, § 105 Rn. 28 und *Schlehofer*, BeckOK-JGG, § 105 Rn. 13.1.

[307] *Laue*, ZJJ 2017, 108 (109).

[308] So *Brunner/Dölling*, JGG, § 105 Rn. 24 ff.; *Laubenthal/Baier/Nestler*, Jugendstrafrecht, Rn. 98; *Laue*, MüKo-StGB, § 105 Rn. 30 ff.; *Meier/Bannenberg/Höffler*, Jugendstrafrecht, § 5 Rn. 27; *Beulke/Swoboda*, Jugendstrafrecht, Rn. 214 ff.; *Sonnen*, HK-JGG, § 105 Rn. 24 ff.

[309] *Ostendorf*, NK-JGG, § 105 Rn. 23.

hat"[310]. Diese Kriterien werden dann im Wesentlichen durch dieselbe Kasuistik wie die der Rechtsprechung konkretisiert. Mit Blick auf die „Art und Umstände der Tat" werden als typische Fälle einer Jugendverfehlung ergänzend das Auto-Surfen[311], das Car-Rafting[312], das Ausprobieren von Drogen[313] sowie das Sprühen von Graffitis[314] angeführt.

3. Kategorisierung der Kasuistik unter Bezugnahme auf die *Marburger Richtlinien* und die *Bonner Delphi-Studie*

Die von Rechtsprechung und Literatur als durch § 105 Abs. 1 Nr. 2 JGG erfasst angesehenen Fallkonstellationen lassen sich im Wesentlichen zwei der Kriterien der *Marburger Richtlinien* und der äquivalenten Indikatoren der *Bonner Delphi-Studie* zuordnen: (1) dem Kriterium „Konsistente, berechenbare Stimmungslage" (i.R.d. *Marburger Richtlinien*)/dem Algorithmus „Emotionalität und Impulsivität" (i.R.d. *Bonner Delphi-Studie*) sowie (2) dem Kriterium „Eigenständigkeit im Verhältnis zu Eltern und Gleichaltrigen/Partnern" (i.R.d. *Marburger Richtlinien*)/dem Algorithmus „Soziale Autonomie und Autonomie in der Lebensführung" (i.R.d. *Bonner Delphi-Studie*).

Im Rahmen des ersten Kriteriums bzw. Algorithmus wird überprüft, ob eine „konsistente, ausgeglichene Stimmung ohne heftige Stimmungswechsel (Wutanfälle oder depressive Verstimmungen) aus geringfügigem Anlass"[315] vorliegt. Weiterhin wird „die Stabilität emotionaler Reaktionen des Heranwachsenden und inwieweit Emotionen handlungsleitend sind"[316] untersucht. Diesem Kriterienkomplex unterfallen die Fälle eines Mangels an Ausgeglichenheit, Besonnenheit und Hemmungsvermögen, Taten, die auf Leichtsinn, Unüberlegtheit sowie soziale Unreife zurückzuführen sind und solche, die aus Übermut sowie unbeherrschten Gefühlen oder Trieben begangen werden. Auch bestimmte Jugendverfehlungen nach der Art und den Umständen der Tat lassen sich hier verorten. So sollen das Ausprobieren von Drogen und das Sprühen von Graffitis insbesondere dann dem Anwendungsbereich des § 105 Abs. 1 Nr. 2 JGG unterfallen, wenn der Reiz des Verbotenen den Ausschlag für diese Verhaltensweisen gibt.[317] Begeht jemand eine Straftat allein mit der Motivation, etwas Verbotenes zu tun, so lässt dies vermuten, dass die betreffende Person

[310] *Schlehofer*, BeckOK-JGG, § 105 Rn. 13.

[311] *Schlehofer*, BeckOK-JGG, § 105 Rn. 13.1.

[312] *Schlehofer*, BeckOK-JGG, § 105 Rn. 13.1.

[313] *Laue*, MüKo-StGB, § 105 JGG Rn. 34; *Ostendorf*, NK-JGG, § 105 Rn. 23; *Schlehofer*, BeckOK-JGG, § 105 Rn. 13.1.

[314] *Laue*, MüKo-StGB, § 105 JGG Rn. 34; *Ostendorf*, NK-JGG, § 105 Rn. 23; *Schlehofer*, BeckOK-JGG, § 105 Rn. 13.1.

[315] *Esser/Fritz/Schmidt*, MSchrKrim 1991, 356 (362); *Esser*, DVJJ-Journal 1999, 37 (38).

[316] *Busch*, ZJJ 2006, 264 (268).

[317] Für das Ausprobieren von Drogen *Ostendorf*, NK-JGG, § 105 Rn. 22; für das Sprühen von Graffitis *Laue*, MüKo-StGB, § 105 JGG Rn. 34.

sich noch in starkem Maße von (impulsiven) Emotionen und weniger von der Vernunft leiten lässt.

Bei dem zweiten Kriterium bzw. Algorithmus stehen das „Streben nach persönlicher Autonomie, d. h. Unabhängigkeit vom Urteil der anderen sowie der Erwerb eines eigenen Wertesystems, das handlungsleitend ist“[318] im Fokus. Es „werden die Abhängigkeiten bzw. Unabhängigkeiten des Heranwachsenden beispielsweise in seinem Alltag, im finanziellen Bereich, im Umgang mit Dritten und bei Entscheidungen“[319] erfasst. Diesen Indikatoren lassen sich Taten aus Imponiergehabe, Geltungsdrang sowie Gruppenzwang zuordnen. Auch das Auto-Surfen und Car-Rafting als Jugendverfehlungen nach der Art und den Umständen der Tat unterfallen diesen Indizien. Bei solchen Verfehlungen geben nämlich oftmals auch der Geltungsdrang des Delinquenten oder etwaiger Druck aus der eigenen Peergroup den entscheidenden Anstoß zur Tat.

II. Legitimation der von Rechtsprechung und Literatur entwickelten Konkretisierungskasuistik

Unabhängig von der bestehenden Einigkeit bezüglich der durch § 105 Abs. 1 Nr. 2 JGG erfassten Fallkonstellationen fehlt es an einer Legitimation des Rückschlusses, dass in diesen Fällen der sittlich-geistige Entwicklungsstand des Heranwachsenden dem eines Jugendlichen entspricht. Daher soll im Folgenden untersucht werden, ob ein solcher Rückschluss tatsächlich gerechtfertigt ist.

1. Ausgangspunkt der Untersuchung

Die durchgeführte Kategorisierung hat ergeben, dass die § 105 Abs. 1 Nr. 2 JGG von Rechtsprechung und Literatur zugewiesenen Fallkonstellationen zwei der Reifekriterien der *Marburger Richtlinien* bzw. der *Bonner Delphi-Studie* zuzuordnen sind. Diese zwei Indizien müssten innerhalb des jeweiligen Kriterienkatalogs eine hinreichend verlässliche Aussagekraft mit Blick auf den Reifegrad des Heranwachsenden aufweisen. Dann ist in den als Jugendverfehlungen angesehenen Fällen die unwiderlegliche Vermutung eines sittlich-geistigen Entwicklungsstands, der dem eines Jugendlichen i.S.d. § 105 Abs. 1 Nr. 1 JGG entspricht, gerechtfertigt. Es gilt im Folgenden somit die Relevanz der beiden genannten Kriterien innerhalb der *Marburger Richtlinien* bzw. der Algorithmen innerhalb der *Bonner Delphi-Studie* zu untersuchen.

---

[318] *Esser/Fritz/Schmidt*, MSchrKrim 1991, 356 (361); *Esser*, DVJJ-Journal 1999, 37 (38).

[319] *Busch*, ZJJ 2006, 264 (268).

2. Relevanz der Kriterien „Konsistente, berechenbare Stimmungslage" und „Eigenständigkeit im Verhältnis zu Eltern und Gleichaltrigen/Partnern" innerhalb der *Marburger Richtlinien*

Wie bereits an anderer Stelle aufgezeigt, sind die *Marburger Richtlinien* von 1954[320] in zwei nachfolgenden empirischen Untersuchungen aus den Jahren 1991[321] und 1999[322] umfassend evaluiert worden. Wie bereits dargestellt, konnte mittels dieser Studien nachgewiesen werden, dass die zehn evaluierten Kriterien tatsächlich reifeabhängig sind.[323] Zur Auswertung der ermittelten Daten wurde im Rahmen der Untersuchungen auch eine sog. „Faktorenanalyse" durchgeführt. Hierbei handelt es sich um eine insbesondere in der Psychologie häufig verwendete Methode zur Analyse von Beziehungen von untereinander abhängigen zufälligen manifesten, also beobachtbaren Merkmalen.[324] Mittels dieser Methode versucht man, die jeweiligen Merkmale auf gemeinsame wenige latente, d. h. nicht direkt beobachtbare und voneinander unabhängige Ursachenkomplexe, die sogenannten Faktoren zurückzuführen.[325] Mit Blick auf die Merkmale der *Marburger Richtlinien* wurden in den Studien faktoranalytisch folgende drei Hauptaspekte der Reife ermittelt: „Lebensplanung und Alltagsbewältigung" (Faktor 1), „Partnerbeziehung" (Faktor 2) und „Äußere Reifeaspekte" (Faktor 3).[326] Die Faktorennummerierung richtet sich dabei nach der jeweiligen Anzahl der hohen sogenannten „Faktorladungen". Hierbei handelt es sich um Korrelationskoeffizienten, welche die stochastische Abhängigkeit zwischen dem jeweiligen Faktor und einzelnen Merkmalen beschreiben, d. h. die Intensität angeben, mit welcher ein Faktor bestimmte Merkmale beeinflusst.[327] Sie ermöglichen damit eine Einschätzung darüber, wie gut einzelne Merkmale die jeweiligen Faktoren repräsentieren.[328] Die Werte der Koeffizienten bewegen sich auf einer Skala zwischen -1 und +1, wobei folgende Einordnung gilt: Ein Wert unter 0.2 bedeutet, dass keine Korrelation besteht, ein Wert zwischen 0.2 und 0.5 spricht für eine schwache Korrelation, ein Wert zwischen 0.5 und 0.8 symbolisiert das Vorliegen einer mittleren und ein Wert über 0.8 das Vorliegen einer starken Korrelation.[329] Auf Faktor 1, der „Lebensplanung und Alltagsbewältigung" luden in der Studie folgende fünf Kriterien der *Marburger Richtlinien* hoch: „Realistische Lebensplanung"

---

320 *Deutsche Vereinigung für Jugendpsychiatrie*, MSchrKrim 1955, 58 ff.

321 *Esser/Fritz/Schmidt*, MSchrKrim 1991, 356 ff.

322 *Esser*, DVJJ-Journal 1999, 37 ff.

323 Vgl. die Ausführungen unter B., VI., 1., b).

324 *Rasch/Kubinger*, Statistik für das Psychologiestudium, S. 394; *Walz*, Lexikon der Statistik, S. 68 (Stichwort: „Faktorenanalyse").

325 *Rasch/Kubinger*, Statistik für das Psychologiestudium, S. 394; *Walz*, Lexikon der Statistik, S. 68 (Stichwort: „Faktorenanalyse").

326 *Esser/Fritz/Schmidt*, MSchrKrim 1991, 356 (367).

327 *Rasch/Kubinger*, Statistik für das Psychologiestudium, S. 394; *Walz*, Lexikon der Statistik, S. 124 (Stichwort: „Korrelationsanalyse").

328 *Esser/Fritz/Schmidt*, MSchrKrim 1991, 356 (363).

329 *Walz*, Lexikon der Statistik, S. 125 (Stichwort: „Korrelationsanalyse").

(0.77), „Eigenständigkeit gegenüber Peers und Partnern“ (0.56), „Ernsthafte Einstellung zu Arbeit/Schule“ (0.77), „Realistische Alltagsbewältigung“ (0.79) und „Konsistente Stimmungslage“ (0.60). Auf Faktor 2, der „Partnerbeziehung“ luden die Kriterien „Eigenständigkeit gegenüber den Eltern“ (0.72), „Bindungsfähigkeit“ (0.56) und die „Integration von Eros und Sexus“ (0.81). Schließlich luden die verbleibenden Kriterien „Äußerer Eindruck“ (0.79) und „Alter der Freunde“ (0.61) auf Faktor 3, den „Äußeren Reifeaspekten“.[330] Im Ausgangspunkt gilt es zu erkennen, dass es sich um durchweg solide ausgeprägte Ladungen handelt, die sich alle im Bereich einer mittleren bis hin zu einer starken Korrelation bewegen.[331] Sie weisen somit dieser Studie folgend alle eine verlässliche Aussagekraft hinsichtlich der einzelnen Faktoren auf.[332] Dies gilt auch explizit für die hinsichtlich der Jugendverfehlung als maßgeblich herausgefilterten zwei Kriterien der „Konsistenten, berechenbaren Stimmungslage“ sowie der „Eigenständigkeit im Verhältnis zu Eltern und Freunden/Partnern“: „Eigenständigkeit gegenüber Peers und Partnern“ (0.56), „Konsistente Stimmungslage“ (0.60) und „Eigenständigkeit gegenüber den Eltern“ (0.72). Diese Indizien bewegen sich alle im Bereich der mittleren Korrelation und bleiben damit auch nicht evident hinter den anderen Kriterien zurück. Bis auf eines sind nämlich auch alle übrigen in diesem Korrelationsbereich verortet. Gleichwohl gibt es Kriterien mit höheren Korrelationskoeffizienten. Diese weisen jedoch im Gegensatz zu den zwei in Rede stehenden gerade keinen zusätzlichen unmittelbaren Bezug zu der tatbezogenen Anwendungsvoraussetzung der „Jugendverfehlung“ auf. Die Kriterien „Realistische Lebensplanung“, „Ernsthafte Einstellung zu Arbeit/Schule“, „Realistische Alltagsbewältigung“, „Integration von Eros und Sexus“ sowie „Äußerer Eindruck“ beziehen sich vielmehr ausschließlich auf die Entwicklung des Delinquenten in Gänze.

Zusammenfassend lässt sich somit festhalten, dass die beiden empirischen Nachfolgeuntersuchungen zu den *Marburger Richtlinien* eine verlässliche Aussagekraft der zwei herausgefilterten Kriterien der „Konsistenten, berechenbaren Stimmungslage“ sowie der „Eigenständigkeit im Verhältnis zu Eltern und Freunden/Partnern“ für die Bestimmung des sittlich-geistigen Entwicklungsstandes des Heranwachsenden ergeben haben.

3. Relevanz der Algorithmen „Emotionalität und Impulsivität“ und „Soziale Autonomie und Autonomie in der Lebensführung“ innerhalb der *Bonner Delphi-Studie*

Im Rahmen der *Bonner Delphi-Studie*[333] wurde für die einzelnen Reifeskalen das Fehlklassifikationsrisiko, d.h. die Wahrscheinlichkeit einer falschen Kategorisie-

[330] *Esser/Fritz/Schmidt*, MSchrKrim 1991, 356 (363).

[331] *Esser/Fritz/Schmidt*, MSchrKrim 1991, 356 (363).

[332] *Esser/Fritz/Schmidt*, MSchrKrim 1991, 356 (363).

[333] *Busch*, Rechtspsychologische Begutachtung delinquenter Heranwachsender.

rung ermittelt, um deren Reliabilität für die Beurteilung des sittlich-geistigen Entwicklungsstandes im Einzelfall festzustellen.[334] Die Ergebnisse fielen wie folgt aus: „Soziale Autonomie & Autonomie in der Lebensführung" (p = .07), „Beziehung und Partnerschaft" (p = .13), „Qualifikation & Ziele" (p = .10), „Werte & Normen" (p = .10), „Emotionalität und Impulsivität" (p = .10), „Problem- & Konfliktmanagement" (p = .16), „Kommunikation & Reflexivität" (p = .16), „Umweltbedingungen" (p = .17), „Umstände der Tat" (p = .15), „Beweggründe der Tat" (p = .09).[335] Die p-Werte sind so zu lesen, dass sie die Prozentzahl der Fälle widerspiegeln, in denen die Probanden in dieser Skala anders als in der Gesamtschau aller Skalen und damit letztlich falsch klassifiziert wurden.[336] Insoweit sticht hervor, dass die für die Jugendverfehlung als maßgeblich herausgefilterten Skalen „Soziale Autonomie & Autonomie in der Lebensführung" sowie „Emotionalität und Impulsivität" mit das niedrigste Fehlklassifikationsrisiko aufweisen. Die Skala „Soziale Autonomie & Autonomie in der Lebensführung" erweist sich sogar als das verlässlichste Kriterium: In nur 7 % aller Fälle wurden die Probanden innerhalb dieser Skala falsch klassifiziert. Aber auch der Algorithmus „Emotionalität und Impulsivität" bewegt sich mit lediglich 10 % Fehlklassifikationen im unteren Bereich der Fehlerrate. Vor diesem Hintergrund lässt sich konstatieren, dass die beiden maßgeblichen Skalen „Soziale Autonomie & Autonomie in der Lebensführung" sowie „Emotionalität und Impulsivität" innerhalb der *Bonner Delphi-Studie* eine besonders hohe Aussagekraft aufweisen.

4. Ergebnis der Untersuchung

Die Untersuchung der bis dato vorgelegten empirischen Studien zu den *Marburger Richtlinien* bzw. dem Indizienkatalog der *Bonner Delphi-Studie* hat ergeben, dass die zwei als für die Feststellung einer Jugendverfehlung maßgeblich ermittelten Kriterien/Algorithmen ((1) „Konsistente, berechenbare Stimmungslage" / „Emotionalität und Impulsivität" sowie (2) „Eigenständigkeit im Verhältnis zu den Eltern und Gleichaltrigen und Partnern" / „Soziale Autonomie & Autonomie in der Lebensführung") innerhalb des jeweiligen Kriterienkatalogs eine verlässliche Aussagekraft aufweisen. Im Rahmen der *Bonner Delphi-Studie* stellen die in Rede stehenden Algorithmen sogar mit die aussagekräftigsten Indikatoren dar. Vor diesem Hintergrund erweist sich der Rückschluss auf einen sittlich-geistigen Entwicklungsstand, der dem eines Jugendlichen entspricht, in den als Jugendverfehlung erachteten Fällen im Ergebnis als berechtigt.

---

[334] *Busch*, ZJJ 2006, 264 (269).

[335] *Busch*, ZJJ 2006, 264 (270).

[336] *Busch*, Rechtspsychologische Begutachtung delinquenter Heranwachsender, S. 189.

III. Zusammenfassung der Untersuchungsergebnisse zu den Anwendungsvoraussetzungen des § 105 Abs. 1 Nr. 2 JGG

Die Untersuchung der Anwendungsvoraussetzungen des § 105 Abs. 1 Nr. 2 JGG hat zunächst ergeben, dass der Begriff der „Jugendverfehlung" sowohl juristisch als auch unter Hinzuziehung relevanter Bezugsdisziplinen nur schwer fassbar ist. In der Gesetzesbegründung wird lediglich darauf verwiesen, dass es sich um eine „unverkennbare" Jugendverfehlung handeln müsse. Eine Erläuterung, was hierunter zu verstehen ist, bleibt aus. Auch existiert keine allgemeingültige entwicklungspsychologische, kriminologische oder sozialwissenschaftliche Definition zu diesem Begriff. Aus dem Umstand, dass dieselben Rechtsfolgen ausgelöst werden wie im Fall des § 105 Abs. 1 Nr. 1 JGG, lässt sich lediglich schlussfolgern, dass es sich um Fälle handeln muss, die den Schluss zulassen, dass der Heranwachsende bei Begehung der Tat in seiner sittlich-geistigen Entwicklung noch einem Jugendlichen gleichstand. In der Konkretisierung dieser Voraussetzung sind sich Rechtsprechung und Literatur weitgehend einig. Sie bemühen stets dieselbe Kasuistik. Im Rahmen der vorliegenden Untersuchung wurde der Versuch unternommen, diese Kasuistik zu stützen, mithin Argumente dafür zu finden, dass der Rückschluss auf einen sittlich-geistigen Entwicklungsstand, der dem eines Jugendlichen entspricht, in den genannten Fällen berechtigt ist. Dazu wurden die von Rechtsprechung und Literatur als Jugendverfehlung angesehenen Taten zwei der Kriterien der *Marburger Richtlinien* bzw. der Algorithmen der *Bonner Delphi-Studie* zugeordnet: (1) dem Kriterium „Konsistente, berechenbare Stimmungslage" (i.R.d. *Marburger Richtlinien*)/dem Algorithmus „Emotionalität und Impulsivität" (i.R.d. *Bonner Delphi-Studie)* sowie (2) dem Kriterium „Eigenständigkeit im Verhältnis zu den Eltern und Gleichaltrigen/Partnern" (i.R.d. *Marburger Richtlinien*)/dem Algorithmus „Soziale Autonomie und Autonomie in der Lebensführung" (i.R.d. *Bonner Delphi-Studie*). Sodann wurde deren Reliabilität innerhalb des jeweiligen Kriterienkatalogs anhand der vorhandenen empirischen Evaluationsstudien ermittelt. Dabei konnte eine insgesamt hohe Relevanz der in Rede stehenden Kriterien/Algorithmen festgestellt werden. Auf Grundlage der Ergebnisse der herangezogenen Studien weisen diese eine verlässliche Aussagekraft auf. Vor diesem Hintergrund erscheint der Rückschluss auf einen sittlich-geistigen Entwicklungsstand, der dem eines Jugendlichen entspricht, in den als Jugendverfehlung erachteten Fällen als berechtigt.

Eine Jugendverfehlung nach der Art, den Umständen oder den Beweggründen der Tat i.S.d. § 105 Abs. 1 Nr. 2 JGG zeichnet sich dadurch aus, dass das Kriterium „Konsistente, berechenbare Stimmungslage" (i.R.d. *Marburger Richtlinien*)/der Algorithmus „Emotionalität und Impulsivität" (i.R.d. *Bonner Delphi-Studie)* oder das Kriterium „Eigenständigkeit im Verhältnis zu den Eltern und Gleichaltrigen/Partnern" (i.R.d. *Marburger Richtlinien*)/der Algorithmus „Soziale Autonomie und Autonomie in der Lebensführung" (i.R.d. *Bonner Delphi-Studie*) für die Klassifizierung als Jugendverfehlung streitet. Davon kann regelmäßig in den dargestellten

Fallkonstellationen, welche die Rechtsprechung und Literatur als von § 105 Abs. 1 Nr. 2 JGG erfasst ansehen, ausgegangen werden.

D. Das Verhältnis zwischen § 105 Abs. 1 Nr. 1 und Nr. 2 JGG

Mit Blick auf die Anwendung von Jugendstrafrecht auf Heranwachsende *de lege lata* gilt es in einem letzten Schritt zu klären, in welchem Verhältnis die Voraussetzungen des § 105 Abs. 1 Nr. 1 und Nr. 2 JGG zueinander stehen. Wie bereits erläutert, wird § 105 Abs. 1 Nr. 2 JGG überwiegend als eine Beweiserleichterung angesehen.[337] Für die Feststellung einer Jugendverfehlung bedarf es nämlich keiner vollumfänglichen, eingriffsintensiven Prüfung des sittlich-geistigen Entwicklungsstandes des Heranwachsenden. Wie die vorliegende Untersuchung gezeigt hat, wird auf lediglich zwei der Kriterien der *Marburger Richtlinien* bzw. der Algorithmen der *Bonner Delphi-Studie* rekurriert. Dementsprechend empfiehlt es sich, § 105 Abs. 1 Nr. 2 JGG stets vor der Nr. 1 zu prüfen. Sofern eine Jugendverfehlung i.S.d. § 105 Abs. 1 Nr. 2 JGG bejaht wird, erübrigt sich eine Erörterung des § 105 Abs. 1 Nr. 1 JGG, da die Anwendung der jugendstrafrechtlichen Rechtsfolgen bereits feststeht.[338]

Teilweise wird eine Prüfung des § 105 Abs. 1 Nr. 1 JGG in derart gelagerten Fällen sogar mangels Erforderlichkeit für unverhältnismäßig erachtet.[339] Dem ist jedoch nicht beizupflichten. Nicht erforderlich wäre die Ermittlung des sittlich-geistigen Entwicklungsstandes im Ganzen nur, wenn ihm im Rahmen des § 105 Abs. 1 Nr. 2 JGG keine Bedeutung zukäme.[340] Vom sittlich-geistigen Entwicklungsstand ist jedoch das Maß der Schuld abhängig und davon wiederum, welche dem Schuldmaß entsprechende Sanktion verhängt werden darf.[341] Insoweit bestimmen § 109 Abs. 1 und § 43 Abs. 1 S. 1 JGG, dass nach Einleitung des Verfahrens so bald wie möglich alle Umstände ermittelt werden sollen, „die zur Beurteilung der seelischen, geistigen und charakterlichen Eigenart des Beschuldigten dienen können". Letztlich muss sich das Gericht also auch in einem Fall des § 105 Abs. 1 Nr. 2 JGG ein Urteil über die Persönlichkeit des Heranwachsenden im Ganzen bilden, um die angemessenen Rechtsfolgen bestimmen zu können.[342] Wenn aber auch bei Bejahung des § 105 Abs. 1 Nr. 2 JGG eine umfängliche Erforschung der Persönlichkeit

---

337 *Mitsch*, Jura 2002, 242 (243); *Ostendorf*, NK-JGG, § 105 Rn. 28; *Beulke/Swoboda*, Jugendstrafrecht, Rn. 215; *Sonnen*, D/S/S, § 105 Rn. 11; *Streng*, Jugendstrafrecht, Rn. 82.

338 *Schlehofer*, BeckOK-JGG, § 105 Rn. 14.

339 *Brunner/Dölling*, JGG, § 105 Rn. 30; *Beulke/Swoboda*, Jugendstrafrecht, Rn. 215; wohl auch *Remschmidt/Rössner*, HK-JGG, § 105 Rn. 3, nach denen es der Grundsatz der Verhältnismäßigkeit „nahe lege", im Bejahungsfall der Nr. 2 auf eine Prüfung der Nr. 1 zu verzichten.

340 *Schlehofer*, BeckOK-JGG, § 105 Rn. 15.

341 *Schlehofer*, BeckOK-JGG, § 105 Rn. 15.

342 *Laue*, MüKo-StGB, § 105 JGG Rn. 11; *Schlehofer*, BeckOK-JGG, § 105 Rn. 15.

des Heranwachsenden gefordert ist, stellt sich die Frage, welche Funktion § 105 Abs. 1 Nr. 2 JGG dann noch zukommt. Man könnte die Beweiserleichterung auf Seite der Anwendungsvoraussetzungen auf den ersten Blick als durch das Erfordernis einer umfänglichen Persönlichkeitserforschung auf Rechtsfolgenseite torpediert erachten. Aufgrund der unterschiedlichen Ausrichtungen der beiden Erforschungserfordernisse ist dem im Ergebnis jedoch nicht so. Denn während es im Rahmen der Anwendungsvoraussetzungen des § 105 Abs. 1 JGG um die Feststellung geht, *ob* der Heranwachsende in seiner sittlich-geistigen Entwicklung noch einem Jugendlichen gleichstand, dient die Persönlichkeitswürdigung auf Ebene der Rechtsfolgen nur noch der Ermittlung einer geeigneten jugendstrafrechtlichen Reaktion. Mithin kann die Anwendung des Jugendstrafrechts aufgrund des Vorliegens einer Jugendverfehlung i.S.d. § 105 Abs. 1 Nr. 2 JGG nicht mehr durch die Ergebnisse der Persönlichkeitserforschung auf Rechtsfolgenseite revidiert werden. Damit erweist sich die Funktion einer Beweiserleichterung, welche § 105 Abs. 1 Nr. 2 JGG zugeschrieben wird, letztlich als zutreffend.

Zusammenfassend lässt sich festhalten, dass § 105 Abs. 1 Nr. 2 JGG vor § 105 Abs. 1 Nr. 1 JGG zu prüfen ist, da dessen Voraussetzungen eine Beweiserleichterung darstellen. Sofern eine Jugendverfehlung bejaht wird, ist eine Erörterung des § 105 Abs. 1 Nr. 1 JGG mit seiner umfänglichen Würdigung der Persönlichkeit des Heranwachsenden nicht mehr notwendig. Denn im Fall einer Jugendverfehlung wird unwiderlegbar vermutet, dass der Heranwachsende in seiner sittlich-geistigen Entwicklung einem Jugendlichen gleichstand. Dennoch bedarf es im Ergebnis auch in Fällen des § 105 Abs. 1 Nr. 2 JGG einer umfassenden Persönlichkeitserforschung, um eine geeignete und angemessene jugendstrafrechtliche Rechtsfolge zu ermitteln.

Dritter Teil

Die strafrechtliche Behandlung Heranwachsender *de lege ferenda*

Wie im ersten Teil dieser Arbeit dargelegt, ist die strafrechtliche Behandlung Heranwachsender bereits seit Inkrafttreten des ersten Jugendgerichtsgesetzes von 1923 Gegenstand zahlreicher kontrovers diskutierter Reformvorschläge. Die Einführung der vermittelnden Lösung des § 105 Abs. 1 JGG im Jahr 1953 hat die bis heute andauernde Debatte um den adäquaten strafrechtlichen Umgang mit dieser Personengruppe nur befeuert. Dies ist nicht zuletzt auf die teilweise gravierenden regionalen Schwankungen bei der Anwendung des § 105 Abs. 1 JGG zurückzuführen.[343] Die befürworteten Konzeptionen reichen von einer vollständigen Eingliederung Heranwachsender in das allgemeine Strafrecht[344] über ein Regel-Ausnahmeverhältnis zugunsten des allgemeinen Strafrechts[345] sowie eine Beibehaltung der jetzigen Regelung[346] bis hin zu einer vollständigen Einbeziehung in das Jugendstrafrecht[347]. Darüber hinaus wird vereinzelt sogar für eine Integration der 21-

---

343 Vgl. z. B. den Bundesländervergleich für das Jahr 2015 bei *Ostendorf/Drenkhahn*, Jugendstrafrecht, Rn. 320.

344 *Bresser*, FS-Schaffstein, 323 (331); *Gehb/Drange*, DRiZ 2004, 118 ff.; *Kusch*, NStZ 2006, 65 (67); *Landau*, 64. DJT Band II/1, N 37 (N 50); *Pflieger*, SchlHA 1999, 88; Gesetzentwurf der AfD-Fraktion im Bundestag, BT-Dr. 19/5040, S. 36.

345 *Hinz*, ZRP 2001, 106 (109 f.); *Kornprobst*, JR 2002, 309 (313); *Paul*, ZRP 2003, 204 (206 f.); *Werwigk-Hertneck/Rebmann*, ZRP 2003, 225 (228 f.); Entschließung des Bundesrates, BR-Dr. 580/97; Bayerischer Gesetzesantrag zur Erweiterung des strafrechtlichen Sanktionssystems, BR-Dr. 449/99; Gesetzesantrag Baden-Württemberg, BR-Dr. 312/03; Gesetzesantrag der Länder Sachsen, Bayern, Hessen, Niedersachsen und Thüringen, BR-Dr. 238/04; Gesetzesantrag der Freistaaten Bayern und Thüringen, BR-Dr. 276/05; Gesetzesantrag des Landes Hessen, BR-Dr. 888/05; Entschließung des Bundesrates, BR-Dr. 77/08.

346 *Ackermann*, Die Altersgrenzen der Strafbarkeit in Deutschland, Österreich und der Schweiz, S. 176 f.; *Lütkes/Rose*, ZRP 2003, 472 (473); *Meier/Bannenberg/Höffler*, § 5 Rn. 31.

347 *Albrecht*, in: Verhandlungen des 64. Deutschen Juristentages, Band I, D 1 (D 96); *Böhm/Feuerhelm*, Einführung in das Jugendstrafrecht, S. 61; *Brauneck*, ZStW 77 (1965), 209 (219); *Höynck/Sonnen*, ZRP 2001, 245 (247); *Kreuzer*, MSchrKrim 1978, 1 ff.; *Ostendorf*, NK-JGG, Grdl. z. §§ 105 und 106 Rn. 11; *Pruin*, Die Heranwachsendenregelung im deutschen Jugendstrafrecht, S. 262 f.; *Sonnen*, D/S/S, § 105 Rn. 10; *Streng*, Jugendstrafrecht, Rn. 87; *Walter*, GA 2007, 503 (517); 6. Deutscher Jugendgerichtstag, in: DVJJ (Hrsg.), Verhandlungen des 6. JGT, S. 56; Zusammenfassender Bericht über die Verhandlungen des 8. Deutschen Jugendgerichtstages, in: DVJJ (Hrsg.), Neue Wege zur Bekämpfung der Jugendkriminalität, S. 257; 10. Deutscher Jugendgerichtstag, in: DVJJ (Hrsg.), Die Rechtsbrüche der 18 bis 21 Jährigen Heranwachsenden, S. 161; 17. Deutscher Jugendgerichtstag, in: DVJJ (Hrsg.), Junge Volljährige im Kriminalrecht, S. 613; 25. Deutscher Jugendgerichtstag, in: DVJJ (Hrsg.),

bis einschließlich 24-Jährigen in das geltende Jugendstrafrecht[348] oder zumindest für die Einführung eines gesonderten Jungtäterrechts für die Gruppe der 18- bis einschließlich 24-Jährigen[349] plädiert. Im Folgenden sollen diese Reformvorschläge dargestellt sowie kritisch gewürdigt werden. Die Ergebnisse der Untersuchung werden anschließend in einem Gesetzgebungsvorschlag *de lege ferenda* zusammengeführt.

A. Vollständige Einbeziehung in das allgemeine Strafrecht

Einzelne Literaturstimmen sprechen sich für eine ausnahmslose[350] Einbeziehung Heranwachsender in das allgemeine Strafrecht aus.[351] Diese Forderung ist jüngst auch von der AfD-Fraktion im Rahmen eines Gesetzentwurfes[352] in den Bundestag eingebracht worden. Dieser erweckt in seiner Einleitung zwar zunächst noch den Eindruck, als würde er (lediglich) auf die Einführung eines Regel-Ausnahme-verhältnisses zugunsten des allgemeinen Strafrechts hinauslaufen: „Für den Heranwachsenden soll künftig nur noch ausnahmsweise das Jugendstrafrecht anwendbar sein. Ausgeschlossen ist die Anwendung des Jugendstrafrechts, wenn die Tat nach dem allgemeinen Strafrecht ein Verbrechen darstellt."[353]. Indes ist von einer derartigen Regel-Ausnahme-Konzeption im Rahmen des konkreten Änderungsvor-

---

Jugend, Gesellschaft und Recht im neuen Jahrtausend, S. 678; 26. Deutscher Jugendgerichtstag, in: DVJJ (Hrsg.), Verantwortung für Jugend, S. 552, 569; *DVJJ*, Denkschrift über die kriminalrechtliche Behandlung junger Volljähriger, S. 8; *DVJJ/Schüler-Springorum*, Denkschrift über die Reform des Jugendgerichtsgesetzes im Rahmen der großen Strafrechtsreform, MSchrKrim 1964, 1 (9); Erste Jugendstrafrechtsreform-Kommission der DVJJ, DVJJ-Journal 1992, 4 (39); Zweite Jugendstrafrechtsreform-Kommission der DVJJ, DVJJ-Extra Nr. 5 2002, 1 (3); Ständige Deputation des DJT (Hrsg.), Verhandlungen des 64. DJT, Band II/1, N 110.

[348] *Neubacher*, in: Berliner Symposium zum Jugendkriminalrecht und seiner Praxis, 121 (147); *Pruin*, Die Heranwachsendenregelung im deutschen Jugendstrafrecht, S. 262 f.; Zweite Jugendstrafrechtsreform-Kommission der DVJJ, DVJJ-Extra Nr. 5 2002, 1 (10 f.) mit der Einschränkung, dass die Rechtsfolgen des Jugendstrafrechts die „angemessenere Reaktion" darstellen.

[349] *Asbrock*, ZRP 1977, 191 ff.; *Dünkel/Geng/Passow*, ZJJ 2017, 123 (126 f.); *Schaffstein*, MSchrKrim 1976, 92 (104 ff.).

[350] Teilweise wird diese Forderung jedoch zugleich mit dem Erfordernis einer besonderen Berücksichtigung des Reifegrades Heranwachsender innerhalb des allgemeinen Strafrechts verbunden, beispielsweise in Form einer fakultativen Strafmilderung nach § 49 Abs. 1 StGB. So *Gehb/Drange*, DRiZ 2004, 118 (121), die darüber hinaus auch – ohne tiefergehende Erörterung – die Frage aufwerfen, ob es nicht denkbar wäre, das besondere Sanktionsinstrumentarium des JGG teilweise in das allgemeine Strafrecht zu integrieren (120).

[351] *Bresser*, FS-Schaffstein, 323 (331); *Gehb/Drange*, DRiZ 2004, 118 ff.; *Kusch*, NStZ 2006, 65 (67); *Landau*, 64. DJT Band II/1, N 37 (N 50); *Pflieger*, SchlHA 1999, 88.

[352] BT-Dr. 19/5040.

[353] BT-Dr. 19/5040, S. 2 f.

schlages keine Rede mehr. Vielmehr soll die Rechtsfigur des Heranwachsenden aus dem JGG in Gänze „beseitigt“[354] werden, damit Personen, die das achtzehnte Lebensjahr vollendet haben, stets nach dem allgemeinen Strafrecht behandelt werden können.[355]

I. Regionale Anwendungsunterschiede

Zur Begründung verweisen Vertreter dieser Konzeption auf die ihrer Einschätzung nach rechtsstaatlich bedenklichen Anwendungsunterschiede in den einzelnen Bundesländern und den unterschiedlichen Gerichtsbezirken.[356] Das Gleichbehandlungsgebot aus Art. 3 Abs. 1 GG i.V.m. dem Bestimmtheitsgrundsatz aus Art. 103 Abs. 2 GG und dem Rechtsstaatsprinzip aus Art. 20 Abs. 3 GG erfordere eine Reform mit dem Ziel einer einheitlichen Behandlung aller Heranwachsenden.[357] Eine nähere Herleitung dieses Erfordernisses aus den genannten Verfassungsnormen bleiben die Vertreter dieses Ansatzes jedoch schuldig. Auch wird nicht erläutert, warum dieser Befund gerade für eine vollständige Eingliederung Heranwachsender in das allgemeine Strafrecht streiten soll. So wird das Argument regionaler Anwendungsunterschiede ebenfalls von den Befürwortern einer vollständigen Integrierung in das Jugendstrafrecht angeführt.[358] In beiden Fällen würde Anwendungsschwankungen gleichermaßen vorgebeugt werden.

Zutreffend ist die Feststellung teilweise gravierender regionaler Unterschiede bei der Anwendung des § 105 Abs. 1 JGG, welche sich im Laufe der Jahre verfestigt haben.[359] So wurden beispielsweise 2015 bundesweit 60,9 Prozent aller verurteilten Heranwachsenden nach Jugendstrafrecht abgeurteilt; in Hamburg lag die entsprechende Aburteilungsquote mit 87,8 Prozent deutlich über dem Durchschnitt, in Mecklenburg-Vorpommern mit lediglich 34,9 Prozent hingegen deutlich darunter.[360] Derart gravierende Unterschiede lassen sich wohl kaum damit erklären, dass Heranwachsende in Hamburg überproportional häufiger Reifeverzögerungen aufweisen als Heranwachsende in Mecklenburg-Vorpommern. Naheliegender ist eine extrem divergierende Anwendungspraxis in den einzelnen Bundesländern.[361] Dieser aus

[354] BT-Dr. 19/5040, S. 36.

[355] BT-Dr. 19/5040, S. 36.

[356] *Gehb/Drange*, DRiZ 2004, 118 (120).

[357] *Gehb/Drange*, DRiZ 2004, 118 (120).

[358] Etwa von *Kreuzer*, MSchrKrim 1978, 1 (7); *Sonnen*, D/S/S, § 105 Rn. 3, 10, der insoweit auf den „Gleichbehandlungsgrundsatz“ verweist; *Streng*, Jugendstrafrecht, Rn. 86 f.

[359] Vgl. insoweit ausführlich *Pruin*, Die Heranwachsendenregelung im deutschen Jugendstrafrecht, S. 60 ff.

[360] Vgl. die Statistik bei *Ostendorf/Drenkhahn*, Jugendstrafrecht, Rn. 320.

[361] *Busch/Scholz*, MSchrKrim 2003, 421 (423); *Pruin*, Die Heranwachsendenregelung im deutschen Jugendstrafrecht, S. 90; *Beulke/Swoboda*, Jugendstrafrecht, Rn. 226; vgl. vertiefend zu etwaigen Erklärungsansätzen die Ausführungen unter C.

rechtspolitischer Perspektive durchaus besorgniserregende Befund begründet jedoch noch keinen Verstoß gegen den allgemeinen Gleichheitssatz aus Art. 3 Abs. 1 GG. Dem steht die richterliche Unabhängigkeit aus Art. 97 GG entgegen, die den Richtern die Möglichkeit zur freien Bildung einer Überzeugung ohne Präjudizienbindung einräumt[362]. Insoweit hat das BVerfG bereits in einem Urteil aus dem Jahr 1952 entschieden, dass die Verschiedenartigkeit der Strafpraxis unterschiedlicher Gerichte ebenso wenig eine Verletzung des Art. 3 Abs. 1 GG darstellt wie die unterschiedliche Rechtsauslegung verschiedener Gerichte oder Behörden.[363] Vielmehr verpflichtet Art. 3 Abs. 1 GG das einzelne Strafgericht lediglich dazu, keine willkürlichen Unterscheidungen zu treffen.[364] Übertragen auf die Anwendung des § 105 Abs. 1 JGG durch die Jugendgerichte bedeutet dies, dass ein Verstoß gegen den Gleichbehandlungsgrundsatz allenfalls im Einzelfall geltend gemacht werden kann, sofern ein entsprechender Nachweis willkürlicher Unterscheidung bezogen auf vergleichbare Fälle des jeweiligen Gerichts erbracht wird. Ein solcher dürfte jedoch in Anbetracht der auf eine Würdigung der Persönlichkeit des Delinquenten abstellenden Voraussetzungen des § 105 Abs. 1 JGG, die den Jugendgerichten einen weitreichenden Beurteilungsspielraum eröffnen, nur selten zu erbringen sein.[365] Es sind gerade diese wenig klar umrissenen Voraussetzungen, welche die Ungleichmäßigkeit in der Anwendung des § 105 Abs. 1 JGG bedingen.[366] Die regionalen Anwendungsunterschiede begründen in ihrer Gesamtheit jedoch keinen Verstoß gegen Art. 3 Abs. 1 GG und in der Konsequenz auch keine Verpflichtung des Gesetzgebers zu einer Reform des § 105 Abs. 1 JGG. Sie offenbaren vielmehr ein rein tatsächliches Defizit der geltenden Rechtslage, die eine deutschlandweit annähernd gleichmäßige strafrechtliche Behandlung Heranwachsender nicht zu gewährleisten vermag. Vor diesem Hintergrund streitet rechtspolitisch einiges für eine Verabschiedung von dem geltenden Kompromiss in Form des § 105 Abs. 1 JGG zugunsten einer einheitlichen Behandlung aller Heranwachsenden. Eine solche könnte jedoch gleichermaßen durch eine vollständige Eingliederung in das Jugendstrafrecht erreicht werden. Mithin vermag der Befund der regionalen Anwendungsunterschiede allein die vollständige Überführung Heranwachsender in das allgemeine Strafrecht nicht zu stützen.

---

362 *Kischel*, BeckOK-GG, Art. 3 Rn. 106 m.w.N.

363 BVerfG NJW 1952, 1129 (1130).

364 BVerfG NJW 1952, 1129 (1130).

365 In diesem Sinne auch *Ackermman*, Die Altersgrenzen der Strafbarkeit in Deutschland, Österreich und der Schweiz, S. 175 f. sowie *Pruin*, Die Heranwachsendenregelung im deutschen Jugendstrafrecht, S. 107.

366 *Meier/Bannenberg/Höffler*, Jugendstrafrecht, § 5 Rn. 31; *Neubacher*, in: Berliner Symposium zum Jugendkriminalrecht und seiner Praxis, 121 (147); *Beulke/Swoboda*, Jugendstrafrecht, Rn. 223 f.

II. Verfassungsrechtliche Bedenken gegen die Erstreckung des Erziehungsgedankens auf Heranwachsende

Für die ausnahmslose Einbeziehung Heranwachsender in das allgemeine Strafrecht werden vor allem verfassungsrechtliche Bedenken gegen die Übertragung des dem JGG immanenten Erziehungsgedankens auf Heranwachsende angeführt. Es sei sachlich nicht gerechtfertigt, dass das elterliche Erziehungsrecht aus Art. 6 Abs. 2 S. 1 GG mit Vollendung des 18. Lebensjahres durch Eintritt zivilrechtlicher Volljährigkeit erlischt, der grundsätzlich subsidiäre Erziehungsauftrag des Staates jedoch bis zum 21. Lebensjahr fortbestehe.[367] Vielmehr stelle die Anwendung von Erziehungsmaßregeln auf Heranwachsende eine partielle Entmündigung eines ansonsten vollständig autonomen Bürgers dar.[368]

Zu dieser Rechtsfrage hat das BVerfG bereits in einer Entscheidung aus dem Jahr 1987[369] eindeutig Stellung bezogen. In dieser ging es um die Vereinbarkeit einer Erziehungsmaßregel in Form einer Weisung, Arbeitsleistungen zu erbringen, mit Art. 12 Abs. 2, Abs. 3 GG. Für die Legitimität solcher Arbeitspflichten rekurrierte das BVerfG u. a. auch auf die Erziehungsaufgabe des Staates gegenüber Jugendlichen und Heranwachsenden.[370] Trotz der Herabsenkung des Volljährigkeitsalters durch das Neuregelungsgesetz vom 31. 7. 1974[371] von 21 auf 18 Jahre bestehe das staatliche Erziehungsrecht zeitlich und sachlich begrenzt fort.[372] Zur Konkretisierung der Grenzen verweist das BVerfG auf die Rechtslage zum Zeitpunkt des Inkrafttretens des Grundgesetzes: Da das damalige Volljährigkeitsalter von 21 Jahren und damit die Annahme, dass junge Menschen bis zu diesem Zeitpunkt noch erziehungsfähig und -bedürftig seien, verfassungskonform war, sei es mit dem Grundgesetz vereinbar, diese Wertung trotz der Senkung des Volljährigkeitsalters in sachlich begrenztem Umfang wie dem des Jugendstrafrechts aufrechtzuerhalten.[373]

Diese Argumentation des BVerfG ist in der Literatur vereinzelt auf Kritik gestoßen. So zeige die umständliche Begründung, dass es sich hierbei lediglich um den Versuch der Legitimation des status quo handle.[374] „Hätte der Gesetzgeber eine Ausweitung des elterlichen und staatlichen Erziehungsrechts beabsichtigt, so hätte er dieses nicht im JGG, sondern an entsprechender Stelle im Grundgesetz verankert.“[375] Die vorgebrachten Einwände vermögen jedoch nicht zu überzeugen. So erschließt

---

367 BT-Dr. 19/5040, S. 37; *Gehb/Drange*, DRiZ 2004, 118 (120); *Landau*, 64. DJT Band II/1, N 37 (N 50).

368 *Balbier*, DRiZ 1989, 404 (406).

369 BVerfG NJW 1988, 45 (47).

370 BVerfG NJW 1988, 45 (47).

371 BGBl. I, 1974, S. 1713.

372 BVerfG NJW 1988, 45 (47); ebenso KG Berlin NStZ 2003, 207 f.

373 BVerfG NJW 1988, 45 (47).

374 *Balbier*, DRiZ 1989, 404 (406); *Pruin*, Die Heranwachsendenregelung im deutschen Jugendstrafrecht, S. 257.

375 *Pruin*, Die Heranwachsendenregelung im deutschen Jugendstrafrecht, S. 257.

sich bereits nicht, warum die Argumentation des BVerfG durch die Feststellung, sie legitimiere den status quo, diskreditiert werden sollte. Schließlich ist es ja gerade die Funktion von Argumenten, einer bestimmten Ansicht zu Legitimität zu verhelfen oder ihr diese eben abzusprechen. Weiterhin spricht das BVerfG gerade nicht von einer *Ausweitung* des staatlichen Erziehungsrechts, sondern lediglich von einer *Fortwirkung* in abgesteckten Grenzen innerhalb der Wertungen, die der Verfassung vor der Änderung des Volljährigkeitsalters durch den einfachen Gesetzgeber immanent waren. Diese Wertung lässt sich dem Umstand entnehmen, dass das Volljährigkeitsalter im Rahmen der Entstehung und Verabschiedung des Grundgesetzes nicht beanstandet, sondern beibehalten wurde. Im Übrigen waren die konkreten Altersgrenzen auch vorher nicht in der Verfassung verortet, sodass das Argument, die „Ausweitung" hätte im Grundgesetz festgeschrieben werden müssen, nicht überzeugt. Vielmehr erfolgte die Absenkung des Volljährigkeitsalters auf 18 Jahren auch lediglich auf einfachgesetzlicher Ebene.

Dem BVerfG ist im Ergebnis beizupflichten. Die einfachgesetzlich erfolgte Absenkung des Volljährigkeitsalters steht einer Fortwirkung des staatlichen Erziehungsrechts hinsichtlich Heranwachsender im Rahmen des JGG nicht im Weg.[376] Das Grundgesetz selbst unterscheidet in Art. 38 Abs. 2 GG zwischen der Vollendung des 18. Lebensjahres und der Volljährigkeit, mithin ergibt sich die Festlegung der Altersgrenze für die Volljährigkeit gerade nicht aus der Verfassung.[377] Weiterhin wurde in der Gesetzesbegründung zur Neuregelung des Volljährigkeitsalters ausdrücklich darauf verwiesen, dass diese Reform keine Auswirkungen auf die strafrechtliche Behandlung Heranwachsender haben sollte: „Die Herabsetzung des Volljährigkeitsalters zwingt nicht dazu, die Achtzehn- bis Einundzwanzigjährigen (Heranwachsende) dem Erwachsenenstrafrecht zu unterstellen. Die Frage der Reform des Sanktionssystems für Heranwachsende soll deshalb der Reform des Jugendstrafrechts vorbehalten bleiben."[378] Lediglich die Verweisungen auf Erziehungsmaßregeln des damals geltenden Gesetzes über Jugendwohlfahrt, welche an die zivilrechtliche Minderjährigkeit des Delinquenten anknüpften, wurden innerhalb des § 105 Abs. 1 JGG gestrichen.[379] Der damalige Gesetzgeber hat somit das Problem etwaiger Konsequenzen hinsichtlich der strafrechtlichen Sonderstellung Heranwachsender im Blick gehabt, wollte seine Reform jedoch ausdrücklich nicht als Wegweiser in Richtung der vollständigen Eingliederung dieser Personengruppe in das allgemeine Strafrecht verstanden wissen.

---

[376] *Budelmann*, Jugendstrafrecht für Erwachsene?, S. 71 ff.; *Brunner/Dölling*, JGG, Einf Rn. 95; *Janssen*, Heranwachsende im Jugendstrafverfahren, S. 298 f.; *Kreuzer*, MSchrKrim 1978, 1 (8); *Putzke*, Beschleunigtes Verfahren bei Heranwachsenden, S. 59 ff.; *Remschmidt*, MSchrKrim 1978, 79 (92); *Schaffstein*, MSchrKrim 1976, 92 ff.; DVJJ, Denkschrift über die kriminalrechtliche Behandlung junger Volljähriger, S. 12 ff.

[377] *Budelmann*, Jugendstrafrecht für Erwachsene?, S. 71.

[378] BT-Dr. 7/117, S. 13.

[379] BT-Dr. 7/117, S. 13.

Die Fortwirkung des staatlichen Erziehungsrechts für Heranwachsende im Rahmen des Jugendstrafrechts überzeugt auch aus systematischen Gesichtspunkten. Die Wertung des Grundgesetzes bei dessen Inkrafttreten, dass junge Menschen bis zur Vollendung ihres 21. Lebensjahres erziehungsfähig und -bedürftig sein können, steht aufgrund der Normenhierarchie grundsätzlich über der einfachgesetzlichen pauschalen Absenkung des Volljährigkeitsalters.[380] Zumal mit dieser explizit keine Auswirkungen hinsichtlich der strafrechtlichen Behandlung Heranwachsender bezweckt wurden.

Letztlich führt die Einbeziehung Heranwachsender auch zu keiner Entmündigung eines selbstständigen Bürgers, wie vereinzelt behauptet wird. Denn Voraussetzung für die Anwendung von Jugendstrafrecht auf einen Heranwachsenden ist gem. § 105 Abs. 1 JGG die Feststellung, dass dieser in seiner sittlich-geistigen Entwicklung einem Jugendlichen gleichsteht oder dies aufgrund des Vorliegens einer Jugendverfehlung zumindest unwiderlegbar zu vermuten ist. Wie im zweiten Teil dieser Arbeit aufgezeigt, läuft dies auf den Nachweis hinaus, dass die Persönlichkeit des Delinquenten noch keine einem autonomen, in der Lebensführung eine gewisse Beständigkeit zeigenden Erwachsenen entsprechende Ausformung erfahren hat. Somit kann von einer Entmündigung eines selbstständigen Bürgers keine Rede sein.[381]

Im Ergebnis ist die Ausübung des staatlichen Erziehungsrechts gegenüber zivilrechtlich volljährigen Heranwachsenden im Rahmen des JGG als verfassungskonform zu bewerten. Das Argument, eine Eingliederung in das vom Erziehungsprinzip dominierte Jugendstrafrecht sei verfassungsrechtlich problematisch, überzeugt daher nicht.

III. Einheit der Rechtsordnung

Als weiteres und am stärksten gewichtetes Argument für eine vollständige Einbeziehung in das allgemeine Strafrecht wird der Grundsatz der Einheit der Rechtsordnung angeführt. Mit Eintritt der Volljährigkeit müsse eine volle Verantwortungsübernahme einhergehen.[382] Es leuchte nicht ein, dass der Heranwachsende ab diesem Zeitpunkt alle Rechte und Pflichten eines mündigen Bürgers verliehen bekomme, im Rahmen von strafrechtlichen Verfehlungen jedoch einem „unmün-

[380] In diesem Sinne auch *Budelmann*, Jugendstrafrecht für Erwachsene?, S. 70 f., der im Ergebnis aber die Anwendung der erzieherisch orientieren Vorschriften des JGG auf Personen, die das 21. Lebensjahr vollendet haben, wegen einer nicht gerechtfertigten Verletzung des allgemeinen Persönlichkeitsrechts für verfassungswidrig erklärt.

[381] In diesem Sinne auch *Putzke*, Beschleunigtes Verfahren bei Heranwachsenden, S. 60 f., der mit einer ähnlichen Argumentation konstatiert, dass die Erstreckung des Erziehungsgedankens auf Erwachsene keinen Verstoß gegen die Menschenwürde darstellt.

[382] BT-Dr. 19/5040, S. 36; *Kusch*, NStZ 2006, 65 (67); *Pflieger*, SchlHA 1999, 88.

digen“ Jugendlichen gleichgestellt werde.[383] Zur Begründung der Stellung eines mündigen Bürgers wird insbesondere auf die Möglichkeit zur Ausübung des Wahlrechts sowie des Abschlusses komplizierter zivilrechtlicher Verträge verwiesen.[384] Letztere seien aufgrund ihrer Komplexität häufig weniger verständlich als die Grenzziehungen des Strafrechts.[385]

Im Ausgangspunkt ist es zutreffend, dass die Vollendung des 18. Lebensjahres nach den Wertungen der Rechtsordnung einen entscheidenden Wendepunkt in dem Leben eines jungen Menschen darstellt.[386] So tritt ab diesem Zeitpunkt die zivilrechtliche Volljährigkeit ein (§ 2 BGB), man erlangt das aktive und passive Wahlrecht (Art. 38 Abs. 2 GG) sowie die Möglichkeit, nach Bestehen einer entsprechenden Eignungsprüfung eine Fahrerlaubnis für die meisten Fahrzeugtypen zu beantragen (§ 10 Abs. 1 i.V.m. § 6 FeV).[387] Indes gibt es auch zahlreiche Regelungen, die abweichende Altersgrenzen festlegen. So dürfen leichtere Kraftfahrzeuge bereits ab 16 Jahren geführt werden, LKWs oder Kraftfahrzeuge zur Personenbeförderung hingegen grundsätzlich erst ab 21 Jahren (§ 10 Abs. 1 i.V.m. § 6 FeV).[388] § 6 Abs. 3 S. 1 WaffG sieht bei Personen, die noch nicht das 25. Lebensjahr vollendet haben, für die erstmalige Erteilung einer Erlaubnis zum Erwerb und Besitz einer Schusswaffe die Verpflichtung zur Vorlage eines Zeugnisses über die geistige Eignung vor.[389] Weiterhin ist in § 41 i.V.m. § 7 Abs. 1 Nr. 3 SGB VIII die Möglichkeit vorgesehen, jungen Volljährigen im Alter von bis einschließlich 26 Jahren in bestimmten Fällen individuelle Jugendhilfe für die Persönlichkeitsentwicklung und zu einer eigenverantwortlichen Lebensführung zu gewähren.[390] Diese Vorschrift soll dem Umstand Rechnung tragen, dass junge Menschen insbesondere aufgrund verlängerter Schul- und Ausbildungszeiten zunehmend später selbstständig werden; sie verdeutlicht damit die gesetzgeberische Wertung, dass die individuelle Persönlichkeitsentwicklung von der abstrakt-juristisch gesetzten Volljährigkeit abweichen kann.[391] Damit

---

[383] BT-Dr. 19/5040, S. 36; *Bresser*, FS-Schaffstein, 323 (330); *Gehb/Drange*, DRiZ 2004, 118 (121); *Landau*, 64. DJT Band II/1, N 37 (N 49); *Pflieger*, SchlHA 1999, 88.

[384] BT-Dr. 19/5040, S. 36; *Gehb/Drange*, DRiZ 2004, 118 (121); *Landau*, 64. DJT Band II/1, N 37 (N 49); *Pflieger*, SchlHA 1999, 88.

[385] *Landau*, 64. DJT Band II/1, N 37 (N 49).

[386] *Pruin*, Die Heranwachsendenregelung im deutschen Jugendstrafrecht, S. 254.

[387] Auf diese Regelungen verweisend *Pruin*, Die Heranwachsendenregelung im deutschen Jugendstrafrecht, S. 254.

[388] Auf diese Regelungen verweisend *Pruin*, Die Heranwachsendenregelung im deutschen Jugendstrafrecht, S. 254.

[389] Auf diese Regelungen verweisend *Pruin*, Die Heranwachsendenregelung im deutschen Jugendstrafrecht, S. 254.

[390] Auf diese Regelungen verweisend *Höynck/Sonnen*, ZRP 2001, 245 (247); *Neubacher*, in: Berliner Symposium zum Jugendkriminalrecht und seiner Praxis, 121 (124); *Pruin*, Die Heranwachsendenregelung im deutschen Jugendstrafrecht, S. 254.

[391] BT-Dr. 11/5948, S. 78; *Schmid-Obkirchner*, Wiesner-SGB VIII, § 41 Rn. 1a; vgl. ausführlich zu den Hintergründen und der konkreten Ausgestaltung der Volljährigenhilfe nach § 41 SGB VIII *Riekenbrauk*, ZJJ 2007, 159 ff.

offenbart diese Norm in besonderem Maße, dass die Vollendung des 18. Lebensjahres innerhalb unserer Rechtsordnung keineswegs als starrer Übergangszeitpunkt zu einem in den Augen des Gesetzes umfassend autonomen Bürger erachtet werden kann. Im Gegenteil sprechen die genannten Regelungen in der Gesamtschau dafür, dass es gerade keine feste Altersgrenze gibt, ab wann man nach den Wertungen des Gesetzes als umfassend vollverantwortlich angesehen wird; vielmehr variieren die Grenzen je nachdem, welcher Gegenstand in Rede steht.[392]

Insoweit lohnt sich ein Blick auf die Behandlung Heranwachsender im Ordnungswidrigkeitenrecht. Schließlich unterscheidet sich eine Ordnungswidrigkeit von einer Straftat allein darin, dass sie nach der Bewertung des Gesetzgebers ein geringeres Maß an Unrecht darstellt, welches lediglich die Ahndung mit einer Geldbuße erfordert.[393] Damit stellt sie einen mit dem Strafrecht vergleichbaren Regelungsgegenstand dar. Das OWiG enthält in § 98 eine ergänzende Sonderregelung für das Vollstreckungsverfahren gegen Jugendliche und Heranwachsende, soweit die Vollstreckung der Geldbuße durch andere Maßnahmen nicht möglich oder angebracht erscheint.[394] Bei Vorliegen dieser Voraussetzungen kann der Jugendrichter dem Jugendlichen gem. § 98 Abs. 1 S. 1 Nr. 1 bis 4 OWiG bestimmte Maßnahmen auferlegen, wobei Nr. 4 („sonst eine bestimmte Leistung zu erbringen") eine weitreichende Generalklausel enthält. Diese Maßnahmen sind (zumindest auch) erzieherisch orientiert.[395] In der Gesetzesbegründung ist insoweit von einer „jugendgemäßen"[396] Erledigungsweise die Rede. Weiterhin wird zur Konkretisierung der Voraussetzung, dass eine Vollstreckung der Geldbuße durch andere Maßnahmen i.S.d. § 98 Abs. 1 S. 1 OWiG „nicht angebracht erscheint", explizit auf Fälle verwiesen, in denen die Anwendung der genannten Maßnahmen „aus Gründen, die im Alter des Betroffenen liegen, vor allem also aus Gründen der Erziehung"[397] als nicht adäquat erachtet wird. Schließlich wird mit Blick auf die Generalklausel des § 98 Abs. 1 S. 1 Nr. 4 OWiG die Parallelität zu der Regelung des § 10 JGG hervorgehoben, welche den Jugendgerichten die Möglichkeit eröffnet, neben den beispielhaft aufgelisteten, die Erziehung fördernden und sichernden Weisungen andere im Einzelfall angemessene Weisungen zu erteilen.[398] Kommt der Jugendliche einer Anordnung nach Absatz 1 schuldhaft nicht nach und zahlt er auch nicht die Geld-

---

[392] *Pruin*, Die Heranwachsendenregelung im deutschen Jugendstrafrecht, S. 254.

[393] *Gerhold*, BeckOK-OWiG, § 1 Rn. 1 f.; *Gürtler/Seitz/Bauer*, Göhler-OWiG, Einl. Rn. 6 ff.; *Roggall*, KK-OWiG, § 1 Rn. 9.

[394] *Nestler*, BeckOK-OWiG, § 98 Rn. 1.

[395] Für eine vorrangige erzieherische Zwecksetzung *Mitsch*, KK-OWiG, § 98 Rn. 4; *Seitz/Bauer*, Göhler-OWiG, § 98 Rn. 1; a.A. *Nestler*, BeckOK-OWiG, § 98 Rn. 3.1, die erzieherischen Gesichtspunkten eine sekundäre bzw. allenfalls gleichrangige Bedeutung neben dem Sanktionszweck der Geldbuße zuschreibt.

[396] BT-Dr. 5/1269, S. 120 f.

[397] BT-Dr. 5/1269, S. 120; auch im Übrigen enthält die Gesetzesbegründung an mehreren, die einzelnen Gesetzesmerkmale konkretisierenden Stellen die Formulierungen „aus Gründen der Erziehung" und „aus erzieherischen Gründen".

[398] BT-Dr. 5/1269, S. 121.

buße, so kann gegen ihn gem. § 98 Abs. 2 OWiG Jugendarrest i.S.d. § 16 JGG verhängt werden. Diese Regelungen gelten gem. § 98 Abs. 4 OWiG für die Vollstreckung der gegen einen Heranwachsenden festgesetzten Geldbuße entsprechend. An dieser Stelle hat der Gesetzgeber somit auf eine dem § 105 Abs. 1 JGG äquivalente Regelung verzichtet. Vielmehr soll die auf Jugendliche zugeschnittene Sondervorschrift des § 98 Abs. 1 bis Abs. 3 OWiG ausnahmslos auch für Heranwachsende gelten. In der Gesetzesbegründung werden für diese Ausgestaltung „Vereinfachungsgründe"[399] angeführt. Diese Zwecksetzung illustriert, dass in § 98 Abs. 4 OWiG die Regelungstechnik der „materiellen Typisierung" zum Einsatz gekommen ist.[400] Bei dieser wird ein Lebenssachverhalt aufgrund einer vereinfachten Würdigung unter bewusstem Außerachtlassen der tatsächlichen Umstände unwiderlegbar als gegeben angesehen.[401] Im Rahmen des § 98 OWiG wurde dementsprechend die unwiderlegbare Vermutung aufgestellt, dass das eine Sonderregelung für Jugendliche legitimierende Erfordernis einer „jugendgemäßen"[402] Erledigung in gleichem Maße für Heranwachsende Geltung beansprucht. Auch in zahlreichen weiteren Vorschriften des OWiG, in denen der Jugendliche Erwähnung findet, wird der Heranwachsende diesem uneingeschränkt gleichgestellt, so in den §§ 46 Abs. 6, 68 Abs. 2, 78 Abs. 4, 91, 97 Abs. 1, 105 Abs. 1. Hiervon ausgehend erscheint es mit Blick auf den Grundsatz der Einheit der Rechtsordnung naheliegender, die Heranwachsenden ausnahmslos in das Jugendstrafrecht zu integrieren. Auf diese Weise würde eine Harmonisierung mit der dem Strafrecht am nächsten kommenden Rechtsmaterie erreicht. Zwingend ist ein solches Vorgehen jedoch nicht. Da eine Straftat nach der gesetzgeberischen Wertung das schwerwiegendere Unrecht darstellt, kann die Ausgestaltung innerhalb des Ordnungswidrigkeitenrechts für das Strafrecht nicht als absoluter Maßstab herangezogen werden.

IV. Durchschnittlicher Entwicklungsstand der Personengruppe der Heranwachsenden

Vereinzelt wird von Befürwortern einer vollständigen Einbeziehung in das allgemeine Strafrecht auch auf den durchschnittlichen Entwicklungsstand Heranwachsender verwiesen. So sei eine Gleichbehandlung von Jugendlichen mit Heranwachsenden entwicklungspsychologisch nicht gerechtfertigt, da zwischen einem 14- und einem 20-Jährigen wesentliche Unterschiede im Reifungsprozess bestünden.[403] Die Reife eines durchschnittlichen Heranwachsenden entspreche vielmehr

---

[399] BT-Dr. 5/1269, S. 122.

[400] *Huhle*, Die Sanktionierung junger Menschen im Ordnungswidrigkeitenrecht, S. 235.

[401] *Huhle*, Die Sanktionierung junger Menschen im Ordnungswidrigkeitenrecht, S. 231.

[402] BT-Dr. 5/1269, S. 120 f.

[403] *Landau*, 64. DJT Band II/1, N 37 (N 49 f.).

derjenigen eines Erwachsenen im strafrechtlichen Sinne.[404] Empirische Nachweise für diese These bleiben Vertreter dieser Konzeption jedoch schuldig.

Wissenschaftliche Erkenntnisse der Psychologie und Soziologie legen es ganz im Gegenteil nahe, dass die überwiegende Anzahl der Heranwachsenden in ihrer persönlichen Entwicklung eher einem Jugendlichen als einem Erwachsenen gleichsteht.[405] Nach dem heutigen Forschungsstand ist die Annahme, es gäbe altersmäßig starr festlegbare Entwicklungsstadien, die jeder Mensch in einer festen Reihenfolge und zu konkreten Zeitpunkten durchläuft, als überholt anzusehen.[406] Vielmehr basiert die entwicklungspsychologische und -soziologische Einordnung eines Menschen darauf, wie viele der sog. „Entwicklungsaufgaben“ er bereits erfolgreich bewältigt hat.[407] Hierbei handelt es sich um die zentralen Herausforderungen einer bestimmten Altersgruppe, denen sich Menschen in einer bestimmten Gesellschaft und einem bestimmten historischen Kontext stellen müssen.[408] Für die Jugendphase, häufig auch als „Adoleszenz“ bezeichnet, welche nach heutigem Forschungsstand ungefähr die Zeit zwischen dem 12. und 25. Lebensjahr umfasst,[409] werden die wesentlichen Entwicklungsaufgaben vier Kategorien zugeordnet: Qualifikation, Aufbau stabiler sozialer Bindungen, Entwicklung von Regenerationsstrategien sowie soziale und politische Partizipation.[410] Zahlreiche Studien belegen, dass insbesondere die maßgeblichen Entwicklungsaufgaben der ersten beiden Kategorien immer später und erst deutlich nach Erreichung des Volljährigkeitsalters erfüllt werden.[411] So nahmen beispielsweise kurz nach Inkrafttreten des § 105 JGG Mitte der 50er Jahre lediglich 5 % eines Jahrgangs ein zeitintensives Studium auf, während die Studi-

[404] So wohl *Kusch*, NStZ 2006, 65 (67), der ausführt, dass „es auch einen 18- bis 20-Jährigen nicht überfordern [dürfte], sich über das Unrecht eines Raubs oder einer Erpressung klar zu werden und sich normgemäß zu verhalten.“.

[405] Vgl. die ausführliche Darstellung bei *Pruin*, Die Heranwachsendenregelung im deutschen Jugendstrafrecht, S. 156 ff.; weiterhin auch die jugendpsychiatrischen Stellungnahmen auf dem 17. Deutschen Jugendgerichtstag, in: DVJJ (Hrsg.), Junge Volljährige im Kriminalrecht, S. 178 ff.; vgl. weiterhin ausführlich *Günter*, Forens Psychiatr Psychol Kriminol 2008, 169 ff.; *Hurrelmann/Quenzel*, Lebensphase Jugend, S. 19 ff.; *Laubenthal/Baier/Nestler*, Jugendstrafrecht, Rn. 109; *Neubacher*, in: Berliner Symposium zum Jugendkriminalrecht und seiner Praxis, 121 (124).

[406] Vgl. statt vieler ausführlich *Pruin*, Die Heranwachsendenregelung im deutschen Jugendstrafrecht, S. 156 ff. m.w.N.

[407] Vgl. *Pruin*, Die Heranwachsendenregelung im deutschen Jugendstrafrecht, S. 184 m.w.N.

[408] *Quenzel*, ZJJ 2017, 130.

[409] *Quenzel*, ZJJ 2017, 130; *Remschmidt/Rössner*, HK-JGG, § 105 Rn. 8.

[410] *Quenzel*, ZJJ 2017, 130 f. m.w.N.

[411] Vgl. ausführlich *Pruin*, Die Heranwachsendenregelung im deutschen Jugendstrafrecht, S. 162 ff. m.w.N.; *Neubacher*, in: Berliner Symposium zum Jugendkriminalrecht und seiner Praxis, 121 (124 m.w.N.); *Günter*, Forens Psychiatr Psychol Kriminol 2008, 169 (172 f.); *Hurrelmann/Quenzel*, Lebensphase Jugend, S. 43 ff.; *Quenzel*, ZJJ 2017, 130 (133).

enanfängerquote heutzutage bereits die 50 Prozent-Marke übersteigt.[412] Das durchschnittliche Heiratsalter bei Männern lag damals bei etwa 24 Jahren, während es heutzutage etwa 33/34 Jahre beträgt.[413] Insgesamt verlagern sich der Berufseinstieg und die Familiengründung als wesentliche Entwicklungsaufgaben deutlich nach hinten.[414] Insbesondere die Phase zwischen 18 und 25 Jahren ist heutzutage durch ein hohes Maß an Instabilität und Unverbindlichkeit geprägt, sei es mit Blick auf die Arbeitssituation, den Wohnort oder auch hinsichtlich Freundschaften und Beziehungen.[415] Diese Entwicklung lässt sich nicht zuletzt auf die Vielzahl an Möglichkeiten für den individuellen Lebensweg sowie den steigenden gesellschaftlichen Druck zur Selbstverwirklichung zurückführen.[416] Sie offenbart insgesamt, dass das Gros der Heranwachsenden heutzutage entwicklungspsychologisch gerade nicht als gefestigte Erwachsene angesehen werden kann.[417]

Gestützt wird diese Annahme auch durch aktuelle neurowissenschaftliche Erkenntnisse zur Gehirnreifung. Entgegen der bisher vorherrschenden Auffassung wurde festgestellt, dass sich Gehirne junger Menschen bis zur Vollendung des 25. Lebensjahres noch in starkem Ausmaß umstrukturieren.[418] Dies betrifft insbesondere jene Gehirnregion, welche unter anderem für exekutive Funktionen wie die vorausschauende Planung, Entscheidungsprozesse, Verhaltens- sowie Emotionssteuerung verantwortlich ist.[419] Mithin für Funktionen, im Bereich derer sich nicht nur Mängel häufig in der impulsiven Begehung von Straftaten widerspiegeln[420], sondern welche auch gerade für die Ausformung einer gefestigten Erwachsenenpersönlichkeit als maßgeblich erachtet werden[421].

In Anbetracht dieser Befunde ist die Annahme, die Mehrzahl der Heranwachsenden sei in ihrer Reife mit Erwachsenen vergleichbar, unzutreffend. Auch insoweit

---

[412] *Neubacher*, in: Berliner Symposium zum Jugendkriminalrecht und seiner Praxis, 121 (124 m.w.N.).

[413] *Neubacher*, in: Berliner Symposium zum Jugendkriminalrecht und seiner Praxis, 121 (124 f.).

[414] *Dünkel*, ZStW 105 (1993), 137 (138); *Hurrelmann/Quenzel*, Lebensphase Jugend, S. 43 ff.; *Kreuzer*, MschrKrim 1978, 1 (4 f.); *Quenzel*, ZJJ 2017, 130 (133).

[415] *Quenzel*, ZJJ 2017, 130 (131).

[416] *Hurrelmann/Quenzel*, Lebensphase Jugend, S. 47 ff.; *Quenzel*, ZJJ 2017, 130 (131 f. m.w.N.).

[417] *Kreuzer*, MSchrKrim 1978, 1 (5); *Pruin*, Die Heranwachsendenregelung im deutschen Jugendstrafrecht, S. 188.

[418] *Dünkel/Geng/Passow*, ZJJ 2017, 123 (124 mit zahlreichen w.N.); *Neubacher*, in: Berliner Symposium zum Jugendkriminalrecht und seiner Praxis, 121 (125); *Remschmidt/Rössner*, HK-JGG, § 105 Rn. 7.

[419] *Dünkel/Geng/Passow*, ZJJ 2017, 123 (124 mit zahlreichen w.N.); *Neubacher*, in: Berliner Symposium zum Jugendkriminalrecht und seiner Praxis, 121 (125); *Remschmidt/Rössner*, HK-JGG, § 105 Rn. 7.

[420] *Neubacher*, in: Berliner Symposium zum Jugendkriminalrecht und seiner Praxis, 121 (125); *Remschmidt/Rössner*, HK-JGG, § 105 Rn. 7.

[421] In diesem Sinne *Dünkel/Geng/Passow*, ZJJ 2017, 123 (126).

vermag die Argumentation der Befürworter einer vollständigen Einbeziehung Heranwachsender in das allgemeine Strafrecht daher nicht zu überzeugen.

V. Vergleich mit anderen europäischen Rechtsordnungen

Teilweise wird auch behauptet, dass nur eine vollständige Überführung Heranwachsender in das allgemeine Strafrecht zu einer Harmonisierung mit den meisten anderen europäischen Rechtsordnungen führen könne.[422] Betrachtet man die Rechtslage in Europa im Detail, so stellt man jedoch das genaue Gegenteil fest. Die europäische Entwicklung hinsichtlich der strafrechtlichen Behandlung Heranwachsender streitet zumindest für eine Beibehaltung des geltenden § 105 JGG, wenn nicht sogar perspektivisch für eine vollständige Einbeziehung in das Jugendstrafrecht.[423]

So hat der Europarat den EU-Mitgliedsstaaten bereits 2003 die Empfehlung ausgesprochen, dass für Heranwachsende bei Vorliegen etwaiger Entwicklungsverzögerungen die Möglichkeit einer Aburteilung nach Jugendstrafrecht eröffnet werden sollte: „Reflecting the extended transition to adulthood, it should be possible for young adults under the age of 21 to be treated in a way comparable to juveniles and to be subject to the same interventions, when the judge is of the opinion that they are not as mature and responsible for their actions as full adults."[424] 2008 hat er diese Empfehlung erneut bekräftigt.[425] In der Begründung zu dieser Empfehlung wird sogar darauf verwiesen, dass in Anbetracht aktueller wissenschaftlicher Erkenntnisse perspektivisch eine vollständige Einbeziehung in das Jugendstrafrecht erfolgen sollte: „It is an evidence based policy to encourage legislators to extend the scope of juvenile justice to the age group of young adults. Processes of education and integration into social life of adults have been prolonged and more appropriate constructive reactions with regard to the particular developmental problems of young adults can often be found in juvenile justice legislation (see for example the special

---

[422] *Gehb/Drange*, DRiZ 2004, 118 (121); *Landau*, 64. DJT Band II/1, N 37 (N 50 f.).

[423] *Dünkel/Geng/Passow*, ZJJ 2017, 123 (126 f.); *Neubacher*, in: Berliner Symposium zum Jugendkriminalrecht und seiner Praxis, 121 (131 m.w.N.); vgl. auch den ausführlichen Vergleich bei *Pruin*, Die Heranwachsendenregelung im deutschen Jugendstrafrecht, S. 190 ff. sowie bei *Pruin/Dünkel*, Better in Europe? European responses to young adult offending, S. 59 ff.; weiterhin auch die ausführliche Darstellung bei *Gensing*, Jugendgerichtsbarkeit und Jugendstrafverfahren im europäischen Vergleich, S. 250 ff.

[424] Reccomendation Rec (2003) 20 of the Commitee of Ministers to member states concerning new ways of dealing with juvenile delinquency and the role of juvenile justice, III, 11.

[425] Recommendation CM/Rec (2008) 11 of the Committee of Ministers to member states on the European Rules for juvenile offenders subject to sanctions or measures, I, 17; teilweise wird diese Empfehlung auch dahingehend interpretiert, dass sie für eine ausnahmslose Einbeziehung in das Jugendstrafrecht streite, so etwa *Dünkel/Geng/Passow*, ZJJ 2017, 123 (127). Nach hier vertretener Deutung geht dies aus dem Empfehlungstext jedoch nicht eindeutig hervor, da dieser die Einschränkung „where appropriate" enthält.

emphasis given to mediation, and family conferencing in many new juvenile justice laws)."[426] Vor diesem Hintergrund verwundert es nicht, dass die überwiegende Mehrheit der EU-Mitgliedsstaaten sowie der kontinentaleuropäischen Länder generell eine besondere strafrechtliche Behandlung Heranwachsender vorsieht. 20 von 35 in einer vergleichenden Studie aus dem Jahr 2015[427] erfassten europäischen Staaten eröffnen entweder die Möglichkeit, das Jugendstrafrecht auf Heranwachsende anzuwenden, oder sehen in ihrer allgemeinen Strafrechtsordnung spezielle Sanktionen für diese Personengruppe vor. Die allgemeinen Strafrechtsordnungen 7 weiterer Länder weisen zumindest einen gesonderten Milderungsgrund des „jungen Alters" auf.[428] Keinerlei Sonderregelungen für Heranwachsende existieren lediglich in 8 der in dieser Studie erfassten Länder.[429] Im europäischen Vergleich stellt letztere Konzeption damit die Ausnahme und gerade nicht die Regel dar. Dem Argument einer Harmonisierung mit dem Großteil der übrigen europäischen Staaten ist mit Blick auf diesen Befund der Boden entzogen.

Besondere Beachtung verdienen in diesem Zusammenhang auch die jüngsten Entwicklungen in zwei Nachbarländern Deutschlands. In Österreich finden seit einer Gesetzesreform, die zum 1.1.2016 in Kraft getreten ist,[430] zahlreiche jugendstrafrechtliche Rechtsfolgen generell, d.h. ohne Reifebeurteilung im Einzelfall auch auf 18- bis einschließlich 20-Jährige[431] Anwendung, wobei für diese auch die Jugendgerichte zuständig sind, vgl. §§ 19, 46a des österreichischen JGG.[432] Zur Begründung für diese generelle Einbeziehung wurde insbesondere auf die entwicklungspsychologische Vergleichbarkeit Heranwachsender mit Jugendlichen verwiesen: „Dadurch soll auch klar zum Ausdruck gebracht werden, dass die grundsätzlichen Bedürfnisse der jungen Erwachsenen sich sehr an jenen Jugendlicher orientieren und die Phase des Heranwachsens nicht mit Erreichen des achtzehnten Lebensjahres abgeschlossen ist. Die Besonderheit der Kriminalitätsbelastung junger Menschen

---

[426] European Committee on Crime Problems (CDPC) – Council for Penological Co-operation (PC-CP), Draft commentary to the European Rules for juvenile offenders subject to sanctions or measures, Part I, Rule 17; vgl. auch *Dünkel*, in: DVJJ (Hrsg.), Jugend ohne Rettungsschirm, 527 (541).

[427] *Pruin/Dünkel*, Better in Europe? European responses to young adult offending.

[428] Vgl. die umfangreiche Tabelle bei *Pruin/Dünkel*, Better in Europe? European responses to young adult offending, S. 65ff.; weiterhin *Dünkel*, in: DVJJ (Hrsg.), Jugend ohne Rettungsschirm, 527 (540f.).

[429] Vgl. die umfangreiche Tabelle bei *Pruin/Dünkel*, Better in Europe? European responses to young adult offending, S. 65ff.; weiterhin *Dünkel*, in: DVJJ (Hrsg.), Jugend ohne Rettungsschirm, 527 (540f.).

[430] JGG-ÄndG 2015, BGBl. für die Republik Österreich, Jahrgang 2015, Teil I Nr. 154; zwischen 2001 und 2016 gab es lediglich vereinzelt Sonderregelungen für 18- bis 20-Jährige, vgl. insoweit *Jesionek*, ZJJ 2017, 120ff.

[431] Diese werden als sog. „junge Erwachsene" bezeichnet, vgl. § 1 Nr. 5 des österreichischen JGG.

[432] *Neubacher*, in: Berliner Symposium zum Jugendkriminalrecht und seiner Praxis, 121 (131f.). Lediglich ausnahmsweise gelten gem. § 19 Abs. 4 die allgemeinen Strafandrohungen, sofern eine dort näher konkretisierte, besonders schwerwiegende Tat in Rede steht.

und der sogenannten Adoleszenzkrise zeigt sich am Umstand ihrer meist spontanen Remission im Zuge des Heranwachsens. Der insbesondere zwischen dem siebzehnten und dem zwanzigsten Lebensjahr zu beobachtende starke Anstieg der Kriminalitätsbelastung sinkt bis etwa zum fünfundzwanzigsten Lebensjahr wieder deutlich ab."[433] Die Niederlande sind in einer Reform aus dem Jahr 2014 hinsichtlich der Altersgrenzen sogar noch einen Schritt weiter gegangen. Unter Verweis auf die dargestellten neurowissenschaftlichen Erkenntnisse zur Gehirnreifung haben sie die Möglichkeit eröffnet, auch junge Delinquenten bis einschließlich 22 Jahre nach Jugendstrafrecht abzuurteilen, sofern die entsprechenden Sanktionen für die Entwicklung der jungen Menschen förderlich sind.[434]

Unter Einbeziehung der Empfehlungen des Europarates und der dargestellten Befunde lässt sich daher insgesamt vielmehr von einem europäischen Trend zu einer erweiterten Einbeziehung Heranwachsender in das Jugendstrafrecht sprechen.[435]

VI. Besondere Gewichtung der Strafzwecke des Schuldausgleichs und der Generalprävention

Die bisherige Untersuchung hat gezeigt, dass die von Befürwortern einer vollständigen Einbeziehung Heranwachsender in das allgemeine Strafrecht vorgebrachten Argumente dieses Modell nicht überzeugend zu stützen vermögen. Stellenweise werden unzutreffende Behauptungen unter Außerachtlassung des aktuellen Forschungsstandes aufgestellt. Es drängt sich daher die Vermutung auf, dass de facto andere Erwägungen für die Verfechter dieser Konzeption leitend sein könnten. Einzelne Stellungnahmen legen nahe, dass es ihnen um die besondere Gewichtung der Strafzwecke des Schuldausgleichs und der Generalprävention geht. So wird angeführt, dass das Jugendstrafrecht auf Heranwachsende häufig im Bereich der schwersten Kriminalität angewandt werde, es jedoch gerade in diesem Bereich einer strikteren Reaktion bedürfe.[436] In dieselbe Richtung geht der gegen die geltende Rechtslage gerichtete Einwand, die steigende Anzahl an Verurteilungen Heranwachsender nach Jugendstrafrecht sei aus Opfersicht sowie hinsichtlich des Sicherheitsempfindens der Bevölkerung nicht vermittelbar.[437] Das Regelungskonzept einer vollständigen Überführung Heranwachsender in das allgemeine Strafrecht dürfte demnach zumindest auch auf der Intention basieren, durch eine vollständige Integrierung Heranwachsender in das allgemeine Strafrecht den Zwecken des

---

[433] Erläuterungen zum österreichischen JGG-ÄndG 2015, S. 3.

[434] Vgl. *Pruin/Dünkel*, Better in Europe? European responses to young adult offending, S. 57 f. sowie *Dünkel/Geng/Passow*, ZJJ 2017, 123 (126).

[435] *Neubacher*, in: Berliner Symposium zum Jugendkriminalrecht und seiner Praxis, 121 (131); *Pruin/Dünkel*, Better in Europe? European responses to young adult offending, S. 64.

[436] *Kusch*, NStZ 2006, 65 (67).

[437] *Landau*, 64. DJT Band II/1, N 37 (N 49); ähnlich auch *Pflieger*, SchlHA 1999, 88, der von „Ungerechtigkeiten" spricht, mit welchen man sich nicht mehr abfinden dürfe.

Schuldausgleichs sowie der Generalprävention besser Rechnung tragen zu können. Fraglich ist, ob diese Annahme zutreffend ist.

Die Sanktionen des allgemeinen Strafrechts dienen vorrangig dem gerechten Schuldausgleich (vgl. § 46 Abs. 1 S. 1 StGB), während die Rechtsfolgen des JGG primär den Zweck der Spezialprävention verfolgen (vgl. § 2 Abs. 1 S. 1 JGG). Hinsichtlich ihrer Grundausrichtung unterscheiden sich die beiden Sanktionsordnungen somit wesentlich. Dabei darf jedoch – wie bereits an anderer Stelle aufgezeigt[438] – nicht unberücksichtigt bleiben, dass auch das Jugendstrafrecht die Möglichkeit bietet, den Sanktionszweck des Schuldausgleichs bei der Rechtsfolgenauswahl sowie -bemessung in den Fokus zu rücken. Dies gilt insbesondere bei der schwerwiegendsten Sanktion der Jugendstrafe, die u. a. gem. § 17 Abs. 2 Var. 2 JGG wegen der besonderen Schwere der Schuld verhängt werden kann. Ihr Höchstmaß beträgt für Heranwachsende gem. § 105 Abs. 3 S. 1 JGG 10 Jahre. Es liegt damit deutlich über demjenigen für Jugendliche, bei denen gem. § 18 Abs. 1 S. 1 JGG grundsätzlich nur eine Jugendstrafe von maximal 5 Jahren verhängt werden kann, sofern kein Ausnahmefall nach § 18 Abs. 1 S. 2 JGG vorliegt. Seit 2012 beträgt das Höchstmaß der Jugendstrafe für Heranwachsende gem. § 105 Abs. 3 S. 2 JGG sogar 15 Jahre, sofern es sich bei der Tat um Mord handelt und das Höchstmaß von 10 Jahren wegen der besonderen Schwere der Schuld nicht ausreicht.[439] Hierbei handelt es sich – abgesehen von der nur äußerst selten angedrohten lebenslangen Freiheitsstrafe – auch um das Höchstmaß einer Freiheitsstrafe im allgemeinen Strafrecht. Somit haben die Jugendgerichte zumindest im Bereich der schwerwiegendsten Kriminalität generell mit der Verhängung einer Jugendstrafe wegen der Schwere der Schuld und in Besonderem in den Fällen des § 105 Abs. 3 S. 2 JGG die Möglichkeit, den Zweck des Schuldausgleichs bei der Aburteilung Heranwachsender vorrangig zu berücksichtigen. Um genau diesen Kriminalitätssektor scheint es den Verfechtern einer ausnahmslosen Überführung Heranwachsender in das allgemeine Strafrecht auch zu gehen.

Der Strafzweck der Generalprävention, mithin der Beeinflussung der Allgemeinheit darf im Jugendstrafrecht hingegen zumindest in seiner negativen Ausprägung keine Rolle spielen. Dies ist in der Gesetzesbegründung zu § 2 Abs. 1 JGG ausdrücklich hervorgehoben worden: „Unzulässig bleibt bei der konkreten Anwendung des Jugendstrafrechts im Einzelfall entsprechend der ganz herrschenden Meinung die eigenständige Verfolgung generalpräventiver Zwecke im Sinne der Abschreckung anderer potenzieller Täter, auch wenn generalpräventive Nebeneffekte einer konsequenten Anwendung des jugendstrafrechtlichen Instrumentariums – insbesondere im Sinne der Normverdeutlichung – nicht ausgeschlossen sind. § 2 Abs. 1 Satz 1 bestimmt es deshalb als Ziel, ‚erneuten' Straftaten ‚eines Jugendlichen oder Heranwachsenden' entgegenzuwirken, und verwendet nicht etwa eine allge-

---

[438] S. Zweiter Teil, B., II., 2.

[439] Diese Strafrahmenerhöhung ist in der Literatur überwiegend auf Kritik gestoßen, vgl. statt vieler ausführlich *Mitsch*, FS-Beulke, 1181 ff., sowie *Swoboda* ZStW 125 (2013), 86 ff.

meinere Formulierung wie ‚Straftaten von Jugendlichen und Heranwachsenden entgegenwirken'. Damit bringt er – übereinstimmend mit der spezialpräventiven Täterorientierung des Jugendstrafrechts – zum Ausdruck, dass Maßstab für dessen Anwendung allein der erzieherische Bedarf und gegebenenfalls die Schuld des konkret wegen einer Straftat vor Gericht stehenden jungen Menschen zu sein hat und nicht etwa eine intendierte Auswirkung auf andere."[440]. Gestützt wird diese These auch durch einen systematischen Vergleich der Regelungen zur Strafaussetzung zur Bewährung im StGB und JGG: Während in § 56 Abs. 3 StGB der Strafzweck der Generalprävention in der Formulierung „Verteidigung der Rechtsordnung" Erwähnung findet, fehlt es an einer solchen im Rahmen des § 21 JGG.[441] Gleichwohl wird zumindest der positiven Generalprävention, also der Stärkung des Rechtsgefühls der Allgemeinheit – wie auch schon in der Gesetzesbegründung zu § 2 Abs. 1 JGG angedeutet – gleichsam als „Reflex" durch die normverdeutlichenden Sanktionen gedient.[442] Gänzlich unberücksichtigt bleibt im Ergebnis jedoch die negative Generalprävention, also die Abschreckung der Allgemeinheit.[443] Im allgemeinen Strafrecht dürfen hingegen beide Ausprägungen der Generalprävention in gleichem Maße Berücksichtigung finden.[444] Dementsprechend eröffnet allein letzteres die Möglichkeit einer unmittelbaren Berücksichtigung negativ generalpräventiver Erwägungen.

Zusammenfassend lässt sich somit festhalten, dass das Konzept einer vollständigen Überführung in das allgemeine Strafrecht zumindest auch auf dem kriminalpolitischen Bedürfnis der jeweiligen Vertreter beruhen dürfte, bei der Aburteilung Heranwachsender die Strafzwecke des Schuldausgleichs und der Generalprävention stärker zu gewichten. Während diese Annahme hinsichtlich des Schuldausgleichs zumindest im Bereich der schwerwiegendsten Kriminalität zu relativieren ist, verbleibt es hinsichtlich der Generalprävention, zumindest hinsichtlich der negativen Ausprägung bei dem Befund, dass die Möglichkeit einer unmittelbaren Berücksichtigung lediglich innerhalb des allgemeinen Strafrechts besteht.

---

[440] BT-Dr. 16/6293, S. 10.

[441] *Brögeler*, BeckOK-JGG, § 18 Rn. 8; *Sonnen*, D/S/S, § 18 Rn. 16.

[442] *Ostendorf*, NK-JGG, § 2 Rn. 4; *Putzke*, BeckOK-JGG, § 2 Rn. 5; *Rössner*, HK-JGG, § 2 Rn. 4; *Sonnen*, D/S/S, § 2 Rn. 1.

[443] *Ostendorf*, NK-JGG, § 2 Rn. 4; *Putzke*, BeckOK-JGG, § 2 Rn. 5; *Rössner*, HK-JGG, § 2 Rn. 4; *Sonnen*, D/S/S, § 2 Rn. 1.

[444] *Fischer*, StGB, § 46 Rn. 10 f. m.w.N.; *Wessels/Beulke/Satzger*, AT, Rn. 26 m.w.N.

B. Regel-Ausnahmeverhältnis zugunsten des allgemeinen Strafrechts

Von einzelnen Literaturstimmen[445] sowie in zahlreichen, letztlich abgelehnten Gesetzesvorschlägen[446] wird eine Reform in der Art gefordert, dass die Anwendung von allgemeinem Strafrecht auf Heranwachsende als gesetzlicher Regelfall festgeschrieben wird. Das Jugendstrafrecht hingegen solle nur noch in engen Ausnahmefällen, namentlich wenn „eine erhebliche Verzögerung in der sittlichen oder geistigen Entwicklung" eine erzieherische Einwirkung erforderlich mache, angewandt werden dürfen.

I. Argumente, die die Befürworter einer vollständigen Einbeziehung in das allgemeine Strafrecht ebenfalls anführen

Zur Begründung werden insbesondere drei zentrale Argumente vorgetragen, die auch die Befürworter einer vollständigen Einbeziehung in das allgemeine Strafrecht ins Feld führen. So wird auf die Unterschiede in der Anwendung des § 105 Abs. 1 JGG in den einzelnen Bundesländern und Gerichtsbezirken verwiesen.[447] Darüber hinaus müssten zivilrechtlich Volljährige auch strafrechtlich grundsätzlich als vollverantwortlich gelten.[448] Außerdem entspreche die Reife des Großteils der Heranwachsenden derjenigen eines Erwachsenen im strafrechtlichen Sinne.[449] Was die Unterschiede bei der Anwendung des § 105 Abs. 1 JGG betrifft, erscheint es zweifelhaft, ob die geforderte Regel-Ausnahmekonzeption sie beseitigen könnte. Schließlich wäre die Anwendung von Jugendstrafrecht weiterhin von einem vagen,

---

[445] *Hinz*, ZRP 2001, 106 (109 f.); *Kornprobst*, JR 2002, 309 (313); *Paul*, ZRP 2003, 204 (206 f.); *Werwigk-Hertneck/Rebmann*, ZRP 2003, 225 (228 f.).

[446] Entschließung des Bundesrates, BR-Dr. 580/97; Bayerischer Gesetzesantrag zur Erweiterung des strafrechtlichen Sanktionssystems, BR-Dr. 449/99; Gesetzesantrag Baden-Württemberg, BR-Dr. 312/03; Gesetzesantrag der Länder Sachsen, Bayern, Hessen, Niedersachsen und Thüringen, BR-Dr. 238/04; Gesetzesantrag der Freistaaten Bayern und Thüringen, BR-Dr. 276/05; Gesetzesantrag des Landes Hessen, BR-Dr. 888/05; Entschließung des Bundesrates, BR-Dr. 77/08.

[447] *Hinz*, ZRP 2001, 106 (107); *Werwigk-Hertneck/Rebmann*, ZRP 2003, 225 (228); Bayerischer Gesetzesantrag zur Erweiterung des strafrechtlichen Sanktionssystems, BR-Dr. 449/99, S. 12; Gesetzesantrag Baden-Württemberg, BR-Dr. 312/03, S. 6; Gesetzesantrag der Freistaaten Bayern und Thüringen, BR-Dr. 276/05, S. 3.

[448] *Hinz*, ZRP 2001, 106 (108); *Kornprobst*, JR 2002, 309 (313); *Paul*, ZRP 2003, 204 (206); Bayerischer Gesetzesantrag zur Erweiterung des strafrechtlichen Sanktionssystems, BR-Dr. 449/99, S. 12; Gesetzesantrag Baden-Württemberg, BR-Dr. 312/03, S. 6; wohl auch Gesetzesantrag der Freistaaten Bayern und Thüringen, BR-Dr. 276/05, S. 2, nach dem „es [...] nicht einzusehen [ist], weshalb auf schwere Straftaten von Heranwachsenden nicht regelmäßig Erwachsenenstrafrecht angewendet wird.".

[449] In dieser Richtung *Hinz*, ZRP 2001, 106 (108); *Werwigk-Hertneck/Rebmann*, ZRP 2003, 225 (229).

auf die schwer fassbare Persönlichkeitsentwicklung abstellenden Kriterium abhängig, der erheblichen Verzögerung in der sittlichen oder geistigen Entwicklung. Es bestünde daher die Gefahr, dass die Anwendungspraxis an den einzelnen Gerichten hinsichtlich der Ausnahmevorschrift erheblich divergiert. Mithin würde das Problem lediglich verschoben und nicht beseitigt.[450] Einer ungleichmäßigen Rechtsanwendung kann im Ergebnis nur eine ausnahmslose Integration in das allgemeine oder das Jugendstrafrecht vorbeugen. Hinsichtlich der zwei übrigen Argumente wird auf die obigen Ausführungen verwiesen, die im Ergebnis ebenso gegen ein Regel-Ausnahmeverhältnis zugunsten des allgemeinen Strafrechts und vielmehr für eine vollständige Einbeziehung in das Jugendstrafrecht streiten.

II. Wille des Gesetzgebers des JGG von 1953

Als weiteres, zentrales Argument für ein derartiges Regel-Ausnahmeverhältnis wird häufig angeführt, dass nur ein solches dem ursprünglichen Willen des Gesetzgebers gerecht werde.[451] Alle genannten Gesetzesentwürfe sowie die meisten Stellungnahmen in der Literatur bleiben jedoch konkrete Nachweise für einen derartigen gesetzgeberischen Willen schuldig. Vereinzelt wird auf eine Passage aus dem Schriftlichen Bericht des damaligen Ausschusses für Rechtswesen und Verfassungsrecht betreffend den JGG-Entwurf von 1953 verwiesen.[452] In dieser heißt es: „Dagegen soll es dabei bleiben, daß geistig und charakterlich normal entwickelte Heranwachsende weiterhin wie Erwachsene behandelt werden. Nur wenn eine Entwicklungsstörung vorliegt oder wenn der Heranwachsende eine strafbare Handlung begeht, die man als typische Jugendverfehlung bezeichnen kann, wird die Anwendung von Jugendstrafrecht zwingend vorgeschrieben."[453]

Es lässt sich bereits in Zweifel ziehen, ob es sachgemäß ist, die entwicklungspsychologischen Überzeugungen des Gesetzgebers von 1953 zum Maßstab der aktuellen Diskussion um die Reform der strafrechtlichen Behandlung Heranwachsender zu erklären.[454] Darüber hinaus ist die aufgestellte Deutung des gesetzgeberischen Willens jedoch auch in der Sache unzutreffend. Sowohl in der Gesetzesbegründung als auch in der genannten Stellungnahme des damaligen Ausschusses für

[450] In diesem Sinne wohl auch *Walter*, ZJJ 2007, 400 (402), der das verbleibende Dilemma hinsichtlich eines fiktiven Reifevergleichs kritisiert.

[451] *Hinz*, ZRP 2001, 106; *Werwigk-Hertneck/Rebmann*, ZRP 2003, 225 (228); Bayerischer Gesetzesantrag zur Erweiterung des strafrechtlichen Sanktionssystems, BR-Dr. 449/99, S. 12; Gesetzesantrag Baden-Württemberg, BR-Dr. 312/03, S. 6; Gesetzesantrag der Länder Sachsen, Bayern, Hessen, Niedersachsen und Thüringen, BR-Dr. 238/04, S. 22; Gesetzesantrag des Landes Hessen, BR-Dr. 888/05, S. 27.

[452] So *Hinz*, ZRP 2001, 106; *Werwigk-Hertneck/Rebmann*, ZRP 2003, 225 (228).

[453] BT-Dr. 1/4437, S. 3.

[454] *Ackermann*, Die Altersgrenzen der Strafbarkeit in Deutschland, Österreich und der Schweiz, S. 175; *Pruin*, Die Heranwachsendenregelung im deutschen Jugendstrafrecht, S. 252 f.

Rechtswesen und Verfassungsrecht wird unter Bezugnahme auf die psychologischen und psychiatrischen Sachverständigen betont, dass der Anteil der unreifen Heranwachsenden unter den Delinquenten „wesentlich höher“[455] sei, „als gemeinhin angenommen“[456].[457] Es wird sogar als „gesicherte Erkenntnis“[458] der modernen Wissenschaft bezeichnet, dass die sittliche Reifung eines Heranwachsenden nicht mehr im Gleichklang mit der körperlichen und intellektuellen verlaufe, weshalb ein „beachtlicher Teil“[459] dieser Personengruppe in der sittlichen und charakterlichen Entwicklung erheblich zurückgeblieben sei.[460] Die Annahme, der damalige Gesetzgeber sei davon ausgegangen, die Anwendung des allgemeinen Strafrechts auf Heranwachsende werde den Regelfall darstellen, ist vor diesem Hintergrund als unzutreffend zu bewerten.[461]

Wie im ersten Teil dieser Arbeit ausführlich dargelegt,[462] wird in der Gesetzesbegründung an mehreren Stellen explizit der provisorische Charakter des § 105 JGG hervorgehoben. Man wollte insbesondere eine Erprobung durch die Praxis abwarten. Von deren Einschätzung sowie von neueren „biologischen Erkenntnissen“[463] sollte abhängen, ob eine vollständige Einbeziehung in das Jugendstrafrecht erfolgt. Wie ebenfalls im Ersten Abschnitt ausführlich erläutert,[464] hat sich die Praxis stets und mit Nachdruck, insbesondere unter Bezugnahme auf die dargestellten psychologischen und soziologischen Erkenntnisse für eine derartige Reform ausgesprochen. Wenn man den ursprünglichen gesetzgeberischen Willen für maßgeblich erachtet, müsste man sich daher konsequenterweise für eine vollständige Überführung Heranwachsender in das Jugendstrafrecht aussprechen. Ein Regel-Ausnahmeverhältnis zugunsten des allgemeinen Strafrechts vermag diese Argumentation jedoch nicht zu stützen.

III. Besondere Gewichtung der Strafzwecke des Schuldausgleichs und der Generalprävention

Auch die für eine solche Regel-Ausnahme-Konzeption zugunsten des allgemeinen Strafrechts vorgebrachten Argumente überzeugen in ihrer Gesamtheit nicht. Stellenweise lassen Befürworter dieses Reformmodells ebenso wie diejenigen einer

---

455 BT-Dr. 1/3264, S. 36; BT-Dr. 1/4437, S. 2.

456 BT-Dr. 1/3264, S. 36; BT-Dr. 1/4437, S. 2.

457 Ebenfalls hierauf verweisend *Walter*, GA 2007, 503 (512) und ZJJ 2007, 400 (402).

458 BT-Dr. 1/3264, S. 36; BT-Dr. 1/4437, S. 2.

459 BT-Dr. 1/3264, S. 36.

460 Ebenfalls hierauf verweisend *Walter*, GA 2007, 503 (512) und ZJJ 2007, 400 (402).

461 So auch *Walter*, GA 2007, 503 (512) und ZJJ 2007, 400 (402).

462 S. Erster Teil, C.

463 BT-Dr. 1/3264, S. 37.

464 S. Erster Teil, D., I.

vollständigen Einbeziehung in das allgemeine Strafrecht den aktuellen Sach- und Forschungsstand außer Betracht. Einzelne Aussagen deuten darauf hin, dass es ihnen ebenfalls um die stärkere Gewichtung der Sanktionszwecke des Schuldausgleichs sowie der Generalprävention gehen könnte. So wird die Notwendigkeit einer derartigen Reform insbesondere mit zunehmenden Gefahren, die von jungen Menschen ausgehen sollen, begründet: „Sorge über die Zunahme der Kriminalität in Deutschland“[465], „stetiger Anstieg der Jugendkriminalität“[466], „registrierte Jugendkriminalität, insbesondere die Gewaltkriminalität, (ist) stark angestiegen“[467], „Schutz der Bevölkerung vor gefährlichen jungen Gewalttätern“[468]. Mithin dürfte wohl auch diese Konzeption zumindest auch auf dem kriminalpolitischen Bedürfnis der Verfechter beruhen, den Strafzwecken des Schuldausgleichs sowie der Generalprävention bei der Personengruppe der Heranwachsenden zu stärkerer Geltung zu verhelfen.

C. Beibehaltung des § 105 Abs. 1 JGG

Daneben finden sich in der Literatur auch vereinzelt Stimmen, die jegliche Reformvorschläge ablehnen und für eine Beibehaltung des § 105 Abs. 1 JGG in seiner geltenden Fassung plädieren.[469]

Den Einwand der gravierenden Anwendungsunterschiede versuchen sie zu entkräften, indem sie diese als Befund dafür deuten, dass die Jugendrichter ihren Beurteilungsspielraum in sachgerechter, individualisierter Weise ausüben.[470] Anwendungsunterschiede seien „der Preis, der für eine flexible, individualisierende Regelung zu zahlen ist“[471]. Eine „sachgerechte“ Ausübung des Beurteilungsspielraums vermag das oben bereits dargestellte Ausmaß der Divergenzen jedoch schwerlich zu erklären. Es erscheint sehr unwahrscheinlich, dass beispielsweise bezogen auf das Jahr 2015 die extrem unterschiedlichen Aburteilungsquoten nach Jugendstrafrecht[472] in Hamburg (87,8 %) und Mecklenburg-Vorpommern (34,9 %) bzw. generell zwischen den alten Bundesländern und Berlin (durchschnittlich 66,9 %) und den neuen

---

465 Entschließung des Bundesrates, BR-Dr. 580/97, S. 2.

466 Gesetzesantrag Baden-Württemberg, BR-Dr. 312/03, S. 1.

467 Gesetzesantrag der Länder Sachsen, Bayern, Hessen, Niedersachsen und Thüringen, BR-Dr. 238/04, S. 1.

468 Gesetzesantrag der Freistaaten Bayern und Thüringen, BR-Dr. 276/05, S. 1.

469 *Ackermann*, Die Altersgrenzen der Strafbarkeit in Deutschland, Österreich und der Schweiz, S. 176 f.; *Lütkes/Rose*, ZRP 2003, 472 (473); *Meier/Bannenberg/Höffler*, Jugendstrafrecht, § 5 Rn. 31.

470 *Ackermann*, Die Altersgrenzen der Strafbarkeit in Deutschland, Österreich und der Schweiz, S. 176; *Meier/Bannenberg/Höffler*, Jugendstrafrecht, § 5 Rn. 31.

471 *Meier/Bannenberg/Höffler*, Jugendstrafrecht, § 5 Rn. 31.

472 Bezogen auf das Jahr 2015. Vgl. die Statistik bei *Ostendorf/Drenkhahn*, Jugendstrafrecht, Rn. 320.

Bundesländern (durchschnittlich 42,5 %) darauf zurückzuführen sind, dass delinquente Heranwachsende in Westdeutschland und Berlin derart überproportional häufiger Reifeverzögerungen aufweisen als delinquente Heranwachsende in Ostdeutschland.[473] Da jedoch keine bundesweiten Studien zu dem Reifungsstand verurteilter Heranwachsender anhand der Kriterien des § 105 Abs. 1 JGG existieren, kann diese These nicht gänzlich ausgeschlossen werden.[474] Dennoch erscheint es in Anbetracht des bedenklichen Ausmaßes der Divergenzen wahrscheinlicher, dass andere Gründe ausschlaggebend sind.[475] Dies gilt umso mehr, berücksichtigt man die bereits angeführten psychologischen, soziologischen und neurowissenschaftlichen Erkenntnisse, nach denen Heranwachsende heutzutage regelmäßig eher einem Jugendlichen gleichstehen. Dieser Befund beansprucht in seiner Generalität schließlich auch für Heranwachsende in Ostdeutschland Geltung. Eine Erklärung für die unterschiedliche Anwendungspraxis könnte in der kriminalpolitischen Grundausrichtung der jeweiligen Jugendrichter (Intensität der spezialpräventiven Ausrichtung) zu finden sein. Dies legt zumindest eine Studie[476] nahe, die mittels Richterbefragungen mögliche Gründe für die divergierende Anwendungspraxis zu ermitteln suchte.[477]

In der Gesamtschau offenbart sich in den erheblichen Anwendungsunterschieden die fehlende Eignung des § 105 Abs. 1 JGG, eine deutschlandweit zumindest annähernd gleichmäßige und damit nachvollziehbare strafrechtliche Behandlung Heranwachsender zu gewährleisten. Eine „sachgemäße" Lösung müsste aber genau dazu in der Lage sein, um dem Gerechtigkeitsempfinden der Gesellschaft Rechnung zu tragen. Die vagen Voraussetzungen des § 105 Abs. 1 JGG und die nur schwer bestimmbare Persönlichkeitsentwicklung genügen diesem Anspruch nicht.[478] Die Beibehaltung des status quo stellt daher keine sachgerechte Lösung dar.

D. Vollständige Einbeziehung in das Jugendstrafrecht

Bereits seit Einführung des § 105 JGG spricht sich die Mehrheit der Literaturstimmen durchgängig für eine vollständige Einbeziehung Heranwachsender in das

[473] *Busch/Scholz*, MSchrKrim 2003, 421 (423); *Pruin*, Die Heranwachsendenregelung im deutschen Jugendstrafrecht, S. 90; *Beulke/Swoboda*, Jugendstrafrecht, Rn. 226.

[474] *Pruin*, Die Heranwachsendenregelung im deutschen Jugendstrafrecht, S. 84, 90.

[475] *Busch/Scholz*, MSchrKrim 2003, 421 (423); *Beulke/Swoboda*, Jugendstrafrecht, Rn. 226; vgl. ausführlich zur Interpretation der Anwendungsunterschiede *Pruin*, Die Heranwachsendenregelung im deutschen Jugendstrafrecht, S. 84 ff.

[476] *Janssen*, Heranwachsende im Jugendstrafverfahren.

[477] Vgl. ausführlich *Pruin*, Die Heranwachsendenregelung im deutschen Jugendstrafrecht, S. 87 ff.

[478] In diesem Sinne auch *Landau*, ZJJ 2008, 216 (221); *Neubacher*, in: Berliner Symposium zum Jugendkriminalrecht und seiner Praxis, 121 (136 ff.); *Beulke/Swoboda*, Jugendstrafrecht, Rn. 223.

Jugendstrafrecht aus.[479] Dieser Forderung haben sich auch alle großen deutschen mit dem Jugendstrafrecht befassten Vereinigungen und Verbandstreffen (Der Deutsche Jugendgerichtstag, die DVJJ und der Deutsche Juristentag) stets und mit großem Nachdruck angeschlossen.[480]

I. Argumente aus der Auseinandersetzung mit den bisher vorgestellten Reformmodellen

Die Auseinandersetzung mit den bisher vorgestellten Konzeptionen hat bereits zentrale Argumente für diesen Reformvorschlag hervorgebracht. Zunächst würden auf diese Weise die gravierenden regionalen Anwendungsunterschiede beseitigt.[481] Auch die vorgestellten psychologischen, soziologischen und neurowissenschaftlichen Erkenntnisse, nach denen der durchschnittliche Entwicklungsstand Heranwachsender mit dem Jugendlicher vergleichbar ist, streiten für ein solches Modell. Die Personengruppe der Heranwachsenden erweist sich danach als in ähnlichem Maße prägbar wie die der Jugendlichen und damit dem Instrumentarium des vorrangig spezialpräventiv ausgerichteten Jugendstrafrechts besonders zugänglich.[482] Darüber hinaus würde eine solche Reform den Empfehlungen des Europarates

---

[479] *Albrecht*, in: Verhandlungen des 64. Deutschen Juristentages, Band I, D 1 (D 96); *Brauneck*, ZStW 77 (1965), 209 (219); *Böhm/Feuerhelm*, Einführung in das Jugendstrafrecht, S. 61; *Höynck/Sonnen*, ZRP 2001, 245 (247); *Kreuzer*, MSchrKrim 1978, 1 (1 ff.); *Ostendorf*, NK-JGG, Grdl. z. §§ 105 und 106 Rn. 11; *Pruin*, Die Heranwachsendenregelung im deutschen Jugendstrafrecht, S. 262 f.; *Sonnen*, HK-JGG, § 105 Rn. 10; *Streng*, Jugendstrafrecht, Rn. 87; *Walter*, GA 2007, 503 (517).

[480] 6. Deutscher Jugendgerichtstag, in: DVJJ (Hrsg.), Verhandlungen des 6. JGT, S. 56; Zusammenfassender Bericht über die Verhandlungen des 8. Deutschen Jugendgerichtstages, in: DVJJ (Hrsg.), Neue Wege zur Bekämpfung der Jugendkriminalität, S. 257; 10. Deutscher Jugendgerichtstag, in: DVJJ (Hrsg.), Die Rechtsbrüche der 18 bis 21 Jährigen Heranwachsenden, S. 161; 17. Deutscher Jugendgerichtstag, in: DVJJ (Hrsg.), Junge Volljährige im Kriminalrecht, S. 613; 25. Deutscher Jugendgerichtstag, in: DVJJ (Hrsg.), Jugend, Gesellschaft und Recht im neuen Jahrtausend, S. 678; 26. Deutscher Jugendgerichtstag, in: DVJJ (Hrsg.), Verantwortung für Jugend, S. 552, 569; *DVJJ*, Denkschrift über die kriminalrechtliche Behandlung junger Volljähriger, S. 8; *DVJJ/Schüler-Springorum*, Denkschrift über die Reform des Jugendgerichtsgesetzes im Rahmen der großen Strafrechtsreform, MSchrKrim 1964, 1 (9); Erste Jugendstrafrechtsreform-Kommission der DVJJ, DVJJ-Journal 1992, 4, 39; Zweite Jugendstrafrechtsreform-Kommission der DVJJ, DVJJ-Extra Nr. 5 2002, 1, 3; Ständige Deputation des DJT (Hrsg.), Verhandlungen des 64. DJT, Band II/1, S. N 110.

[481] *Albrecht*, in: Verhandlungen des 64. Deutschen Juristentages, Band I, D 1 (D 93); *Höynck/Sonnen*, ZRP 2001, 245 (247); *Kreuzer*, MSchrKrim 1978, 1 (7); *Sonnen*, D/S/S, § 105 Rn. 3, 10; *Streng*, Jugendstrafrecht, Rn. 85 ff.; *Walter*, GA 2007, 503 (515 ff.).

[482] *DVJJ*, Denkschrift über die kriminalrechtliche Behandlung junger Volljähriger, S. 10; *Heinz*, MSchrKrim 1998, 399 (420); *Kreuzer*, MSchrKrim 1978, 1 (7); *Streng*, Jugendstrafrecht, Rn. 85 ff.; *Walter*, GA 2007, 503 (515 ff.); Zweite Jugendstrafrechtsreform-Kommission der DVJJ, DVJJ-Extra Nr. 5 2002, 8.

Rechnung tragen[483] und nach hier vertretener Deutung auch dem Willen des Gesetzgebers von 1953 entsprechen. Schließlich lässt sich nach hier vertretener Ansicht auch der Grundsatz der Einheit der Rechtsordnung ins Feld führen. Mit einer vollständigen Einbeziehung in das Jugendstrafrecht würde eine Harmonisierung mit der dem Strafrecht am nächsten kommenden Rechtsmaterie, dem Ordnungswidrigkeitenrecht bewirkt, in welchem die Personengruppe der Heranwachsenden in zahlreichen Vorschriften derjenigen der Jugendlichen uneingeschränkt gleichgestellt wird.

II. Kriminologische Erkenntnisse

Daneben streiten auch kriminologische Erkenntnisse für ein solches Reformmodell.

Wie zahlreiche Statistiken, Dunkelfeldforschungen und Längsschnittuntersuchungen belegen, ähnelt das delinquente Verhalten Heranwachsender sowohl in der Häufigkeit als auch in der Intensität demjenigen straffälliger Jugendlicher.[484] Es kommt außerordentlich oft vor, dass Heranwachsende Straftaten begehen. Dabei handelt es sich jedoch weit überwiegend um nicht so schwerwiegende Delikte, wie beispielsweise einfache Ladendiebstähle, einfache Rauschgiftdelikte oder Körperverletzungen, die keinen gravierenden Schaden verursachen. Demgegenüber zeichnet sich die typische Kriminalität von im strafrechtlichen Sinne Erwachsenen eher durch schwere Straftaten, die mit der Verursachung größerer Schäden einhergehen, aus.[485]

Weiterhin gilt es auch Erkenntnisse der sog. „Lebenslaufforschung", die sich mit den Entwicklungen von Delinquenten auseinandersetzt, zu berücksichtigen. Diese hat mit Blick auf Mehrfach- und „Intensivtäter" ergeben, dass sich der Zeitpunkt, zu dem diese ihre kriminelle Betätigung beenden, immer weiter nach hinten verlagert.[486] Als wesentlicher Grund für diese Entwicklung wird angeführt, dass die relevanten Wendepunkte, wie beispielsweise das Eingehen einer festen Partnerschaft oder die

---

[483] Unter Einbeziehung der Ausführungen desselben in der Begründung, die auf eine perspektivisch ausnahmslose Einbeziehung der Heranwachsenden in das Jugendstrafrecht hinauslaufen, vgl. die Darstellung im Dritten Teil, A., V.

[484] Vgl. ausführlich unter Auswertung zahlreicher Statistiken, Dunkelfeldbefragungen und Längsschnittuntersuchungen *Pruin*, Die Heranwachsendenregelung im deutschen Jugendstrafrecht, S. 111 ff., sowie *Walter/Neubacher*, Jugendkriminalität, Rn. 418 ff.

[485] *Kreuzer*, MSchrKrim 1978, 1 (6 f.); *Pruin*, Die Heranwachsendenregelung im deutschen Jugendstrafrecht, S. 151 f.; vgl. insbesondere die Auswertung der PKS bei *Walter/Neubacher*, Jugendkriminalität, Rn. 427 ff.

[486] *Neubacher*, in: Berliner Symposium zum Jugendkriminalrecht und seiner Praxis, 121 (126).

Erlangung einer festen Arbeitsanstellung, immer später eintreten.[487] Dies legen auch die bereits angeführten entwicklungspsychologischen und -soziologischen Befunde nahe. Für die sachgemäße Unterstützung von etwaigen Ausstiegen aus der Kriminalität ist jedoch das flexible, eine individualisierte Reaktion ermöglichende Rechtsfolgensystem des JGG deutlich geeigneter als die sich im Wesentlichen in der Freiheits- und Geldstrafe erschöpfenden Sanktionen des StGB.[488] Gerade aus der stärkeren Bildsamkeit junger Straftäter folgt, dass bei ihnen eine positive Veränderung der Umwelt (beispielsweise durch individualisierte Erziehungsmaßregeln) und beharrliche Erziehungsarbeit wesentlich eher Erfolg verspricht als bei den Älteren, deren Charakter sich bereits im negativen Sinne verfestigt hat.[489] Will man also die Kriminalitätsausstiege von Intensivtätern sachgemäß fördern und nicht durch die starren Sanktionen des allgemeinen Strafrechts torpedieren, die gerade keine auf die relevanten Defizite des Delinquenten individuell zugeschnittenen Reaktionen ermöglichen, bedarf es der Möglichkeit einer längerfristigen Anwendung des flexiblen Jugendstrafrechts auf diese Delinquentengruppe.[490]

Im Ergebnis sprechen damit sowohl die Vergleichbarkeit der Kriminalität von Heranwachsenden und Jugendlichen als auch das gesellschaftliche Anliegen, die Betätigung von „Intensivtätern" einzudämmen, für eine vollständige Einbeziehung Heranwachsender in das vorrangig spezialpräventiv orientierte Jugendstrafrecht.

III. Anforderungen an die Gesetzestechnik der „materiellen Typisierung"

Würde sich der Gesetzgeber dazu entschließen, auf eine Reifeprüfung im Einzelfall entsprechend dem geltenden § 105 Abs. 1 JGG zu verzichten und die Personengruppe der Heranwachsenden ausnahmslos den Rechtsfolgen des Jugendstrafrechts zu unterstellen, würde er damit die unwiderlegbare Vermutung aufstellen, dass Heranwachsende in ihrer sittlich-geistigen Entwicklung Jugendlichen gleichstehen. Eine solche Einbeziehung würde damit der bereits angesprochenen Rechtssetzungstechnik der „materiellen Typisierung" entsprechen, bei welcher ein Lebenssachverhalt aufgrund einer vereinfachten Würdigung unter bewusstem Außerachtlassen der tatsächlichen Umstände unwiderlegbar als gegeben angesehen wird[491]. Daher erscheint es angezeigt, die konkreten Anforderungen an diese Re-

---

[487] *Neubacher*, in: Berliner Symposium zum Jugendkriminalrecht und seiner Praxis, 121 (126).

[488] *Neubacher*, in: Berliner Symposium zum Jugendkriminalrecht und seiner Praxis, 121 (127); *Pruin*, Die Heranwachsendenregelung im deutschen Jugendstrafrecht, S. 155.

[489] *Beulke/Swoboda*, Jugendstrafrecht, Rn. 20.

[490] *Neubacher*, in: Berliner Symposium zum Jugendkriminalrecht und seiner Praxis, 121 (127).

[491] Vgl. ausführlich *Huhle*, Die Sanktionierung junger Menschen im Ordnungswidrigkeitenrecht, S. 231 ff., der mit Blick auf den Einsatz dieser Regelungstechnik im bereits an-

gelungstechnik, insbesondere hinsichtlich ihrer Vereinbarkeit mit Art. 3 Abs. 1 GG zu untersuchen. Das BVerfG hat sich bereits mehrfach zu dieser Frage geäußert. Da der Gesetzgeber notgedrungen darauf angewiesen ist, zu generalisieren, dürfe er Regelungen grundsätzlich nach typisierten Befunden erlassen, auch wenn dies die Verwischung von Unterschiedlichkeiten zur Folge habe.[492] Er müsse sich dann aber am Regelfall orientieren, welcher auf Grundlage einer umfassenden Auswertung der vorhandenen Daten und Erfahrungen zu bilden sei.[493] Insgesamt müssten die Vorteile einer Typisierung zu den jeweiligen Nachteilen in einem „rechten Verhältnis" stehen.[494] Die Typisierung dieses Reformmodells ist danach gerechtfertigt, wenn sie mit dem vorhandenen Erfahrungsschatz hinsichtlich der Reife Heranwachsender übereinstimmt und die Vorteile dieser Typisierung in einem ausgewogenen Verhältnis zu den Nachteilen stehen.

Wie bereits ausführlich erläutert, hat sich in der Psychologie und Soziologie die Erkenntnis durchgesetzt, dass die weit überwiegende Mehrheit der Heranwachsenden in ihrer Entwicklung eher mit Jugendlichen als mit Erwachsenen vergleichbar ist. Das Gros der Heranwachsenden ist noch in ähnlichem Maße prägbar und daher den flexiblen, individualisierbaren Rechtsfolgen des Jugendstrafrechts besonders zugänglich. Dieser Befund wird auch von aktuellen neurowissenschaftlichen Erkenntnissen gestützt, nach denen die Gehirnreifung in wesentlichen Arealen noch bis zur Vollendung des 25. Lebensjahres andauert und damit keinesfalls mit 18 Jahren zum Abschluss gelangt. Insgesamt lässt es sich daher als gesicherte Erkenntnis bezeichnen, dass Heranwachsende typischerweise in ihrer Reife eher Jugendlichen als Erwachsenen gleichstehen. Mithin ist die erstgenannte Voraussetzung für eine materielle Typisierung erfüllt.[495]

In einem zweiten Schritt müssen die Vorteile einer solchen Typisierung deren Nachteilen gegenübergestellt werden. Hinsichtlich der Vorteile wird zunächst auf die bereits hergeleiteten Argumente für dieses Reformmodell verwiesen: Beseitigung der gravierenden Anwendungsunterschiede und damit Schaffung von Rechtssicherheit, Harmonisierung mit der dem Strafrecht am nächsten kommenden Materie des Ordnungswidrigkeitenrechts, Übereinstimmung mit den Empfehlungen des Europarates und dem ursprünglichen Willen des Gesetzgebers, einheitliche Behandlung von vergleichbarer Kriminalität (vgl. die kriminologischen Erkenntnisse). Diesen Vorteilen steht der für die Gegner einer solchen Reform kriminalpolitisch

---

gesprochenen § 98 Abs. 4 OWiG eine umfassende verfassungsrechtliche Prüfung hinsichtlich Art. 3 Abs. 1 GG durchführt.

[492] BVerfGE 21, 12 (27); 65, 325 (354 f.); 82, 159 (185 f.); 87, 234 (255); *Huhle*, Die Sanktionierung junger Menschen im Ordnungswidrigkeitenrecht, S. 231.

[493] BVerfGE 21, 12 (27); 65, 325 (354 f.); 82, 159 (185 f.); 87, 234 (255); *Huhle*, Die Sanktionierung junger Menschen im Ordnungswidrigkeitenrecht, S. 231 f.

[494] BVerfGE 21, 12 (27); 65, 325 (354 f.); *Huhle*, Die Sanktionierung junger Menschen im Ordnungswidrigkeitenrecht, S. 231 f.

[495] Ebenso mit Blick auf die Typisierung in § 98 Abs. 4 OWiG argumentierend *Huhle*, Die Sanktionierung junger Menschen im Ordnungswidrigkeitenrecht, S. 239 ff.

wohl leitende Gedanke gegenüber, dass man bei einer vollständigen Einbeziehung Heranwachsender in das Jugendstrafrecht die Sanktionszwecke des Schuldausgleichs sowie der negativen Generalprävention nicht ausreichend berücksichtigen könne. Hinsichtlich des Schuldausgleichs ist diese These, wie bereits dargestellt, zumindest für den Bereich schwerer Kriminalität zu relativieren. Insoweit besteht mit der Jugendstrafe wegen der Schwere der Schuld die Möglichkeit, dem Schuldausmaß sowohl bei der Sanktionsauswahl als auch bei deren Bemessung Rechnung zu tragen. Hinsichtlich der negativen Generalprävention ist zu beachten, dass die empirische Nachweisbarkeit einer abschreckenden Wirkung von Sanktionen auf junge Menschen generell bezweifelt wird, da diese im Gegensatz zu den meisten Erwachsenen Straftaten weit überwiegend nicht nüchtern kalkulierend begehen.[496] Darüber hinaus spielt der Strafzweck der Generalprävention auch im allgemeinen Strafrecht keine zentrale Rolle, sondern wird lediglich innerhalb des schuldangemessenen Strafrahmens neben der Spezialprävention als ergänzender Gesichtspunkt herangezogen.[497] Vor dem Hintergrund der dargestellten Relativierungen des einzigen Nachteils sind in der Gesamtschau die vielen Vorzüge einer vollständigen Einbeziehung Heranwachsender in das Jugendstrafrecht als gewichtiger zu bewerten. Mithin ist auch die zweite Voraussetzung einer materiellen Typisierung, nämlich das rechte Verhältnis zwischen den Vorzügen und Nachteilen erfüllt.

Insgesamt würde damit eine materielle Typisierung in Form der vollständigen Einbeziehung Heranwachsender in das Jugendstrafrecht – im Gegensatz zu einer Typisierung in Form einer vollständigen Überführung in das allgemeine Strafrecht – den verfassungsrechtlichen Anforderungen an diese Rechtssetzungstechnik genügen.

E. Einbeziehung der 21- bis 24-Jährigen in das Jugendstrafrecht/ Einführung eines gesonderten Jungtäterrechts

Teilweise wird sogar dafür plädiert, über die Gruppe der Heranwachsenden hinaus auch die 21- bis einschließlich 24-Jährigen in das Jugendstrafrecht zu integrieren.[498] Zur Begründung wird insbesondere auf die bereits dargestellten kriminologischen, soziologischen, psychologischen und neurowissenschaftlichen Erkenntnisse zum

---

[496] *Ostendorf*, NK-JGG, § 2 Rn. 4; *Pruin*, Die Heranwachsendenregelung im deutschen Jugendstrafrecht, S. 248 f. m.w.N.; *Sonnen*, D/S/S, § 18 Rn. 16 m.w.N.

[497] So die weit überwiegend vertretene „Spielraumtheorie“, vgl. *Fischer*, StGB, § 46 Rn. 12 m.w.N.; *Kinzig*, Schönke/Schröder, § 46 Rn. 5 f. m.w.N.

[498] *Neubacher*, in: Berliner Symposium zum Jugendkriminalrecht und seiner Praxis, 121 (147); *Pruin*, Die Heranwachsendenregelung im deutschen Jugendstrafrecht, S. 262 f.; *Zieger*, StV 1988, 308 (310); Zweite Jugendstrafrechtsreform-Kommission der DVJJ, DVJJ-Extra Nr. 5 2002, 1, 10 f. mit der Einschränkung, dass die Rechtsfolgen des Jugendstrafrechts die „angemessenere Reaktion“ darstellen.

Entwicklungsstand junger Menschen verwiesen, die belegen sollen, dass deren Reifung zumindest bis zum 25. Lebensjahr andauere.[499]

Wenngleich die Einschätzung zur Dauer des Reifungsprozesses mit dem aktuellen Forschungsstand übereinstimmt, könnte ein solches Reformmodell systematischen Bedenken begegnen. Es gilt insoweit zu klären, ob das gem. § 2 Abs. 1 S. 2 JGG vorrangig am Erziehungsgedanken ausgerichtete Jugendstrafrecht auch auf über 20-Jährige Anwendung finden kann.

Berücksichtigt man eine gefestigte Rechtsprechung zur Bemessung der Jugendstrafe, erscheint dies zweifelhaft. Nach dieser Rechtsprechung könne bei im Zeitpunkt der Urteilsfällung (im strafrechtlichen Sinne) Erwachsenen dem Erziehungsgedanken allenfalls geringes Gewicht zukommen, wobei dieses mit fortschreitendem Alter stetig abnehme.[500] In neueren Entscheidungen tendiert die Rechtsprechung sogar dahin, dem Erziehungsgedanken bei der Sanktionierung von im Zeitpunkt der Aburteilung bereits über 20-Jährigen aus verfassungsrechtlichen Gründen keinerlei Bedeutung mehr einzuräumen.[501] Unter Verweis auf § 89b Abs. 1 S. 2 JGG soll dies jedenfalls für diejenigen Täter gelten, die zum genannten Zeitpunkt bereits das 24. Lebensjahr vollendet haben und deren Jugendstrafe daher in der Regel im Erwachsenenvollzug zu vollziehen ist.[502] Die verfassungsrechtlichen Bedenken hat *Budelmann* in seiner Dissertationsschrift, auf die der BGH explizit rekurriert, ausführlich dargestellt.[503] Das Erlöschen des staatlichen Erziehungsrechts mit Vollendung des 21. Lebensjahres, welches sich aus der erörterten Grundsatzentscheidung des BVerfG zur Vereinbarkeit einer Erziehungsmaßregel mit Art. 12 GG[504] ergeben soll, markiere die Grenze zur normativen Zuschreibung der Vollverantwortung eines Erwachsenen. Deshalb stelle die jugendstrafrechtliche Erziehung von im Zeitpunkt der Aburteilung über 20-Jährigen einen nicht gerechtfertigten Eingriff in deren allgemeines Persönlichkeitsrecht dar.[505] Ab diesem Zeitpunkt dürften vielmehr nur noch Anstöße zu Selbsterziehung auf freiwilliger Basis, wie sie auch im Erwachsenenstrafvollzug zulässig sind, erfolgen.[506]

---

[499] *Neubacher*, in: Berliner Symposium zum Jugendkriminalrecht und seiner Praxis, 121 (147); *Pruin*, Die Heranwachsendenregelung im deutschen Jugendstrafrecht, S. 262 f.; *Zieger*, StV 1988, 308 (310); Zweite Jugendstrafrechtsreform-Kommission der DVJJ, DVJJ-Extra Nr. 5 2002, 1, 10 f.

[500] BGH NStZ 2006, 587 (588); BGH BeckRS 2004, 09104; BGH StV 1998, 334.

[501] BGH NStZ 2016, 680 (681); BGH NStZ 2016, 101 (102).

[502] BGH NStZ 2016, 101 (102).

[503] *Budelmann*, Jugendstrafrecht für Erwachsene?, S. 80 ff.

[504] BVerfG, NJW 1988, 45.

[505] *Budelmann*, Jugendstrafrecht für Erwachsene?, S. 88 f.; ebenfalls für eine Verfassungswidrigkeit jugendstrafrechtlicher Erziehung von über 20-Jährigen mittels „erzieherisch verstandener Eingriffe versagender Art" *Eisenberg/Kölbel*, JGG, § 110 Rn. 7; *Radtke*, MüKo-StGB, § 18 JGG Rn. 36.

[506] *Budelmann*, Jugendstrafrecht für Erwachsene?, S. 88.

Diese neuere Tendenz der Rechtsprechung, den Erziehungsgedanken bei im Zeitpunkt der Aburteilung über 20-Jährigen bzw. über 23-Jährigen außer Acht zu lassen, ist in der Literatur auf Kritik gestoßen.[507] Den Gerichten wird insoweit eine unzutreffende Interpretation der genannten BVerfG-Entscheidung vorgeworfen. In dieser werde die bei Erlass des Grundgesetzes geltende Volljährigkeitsgrenze von 21 Jahren lediglich als „Anhaltspunkt"[508] für die zeitliche Begrenzung des staatlichen Erziehungsrechts bezeichnet.[509] Daraus ergebe sich noch keine eindeutige, absolute Grenze der Verfassung für die Berücksichtigung erzieherischer Aspekte.[510] Mit Blick auf den Eingriff in das Persönlichkeitsrecht werde der Verhältnismäßigkeitsgrundsatz dadurch gewahrt, dass die Bedeutung des Erziehungsgedankens mit zunehmendem Alter abnehme.[511]

Der Kritik von Seiten der Literatur ist im Ergebnis zuzustimmen. In Anbetracht der neuesten wissenschaftlichen, insbesondere neurowissenschaftlichen Erkenntnisse erscheint eine Korrektur der Rechtsprechung bezüglich der Berücksichtigungsfähigkeit erzieherischer Gesichtspunkte bei über 20-Jährigen angezeigt. Dauert der Reifungsprozess bei dem Groß junger Menschen bis zur Vollendung des 25. Lebensjahres an, erscheint es sachgemäß, die Altersgrenze für die Berücksichtigungsfähigkeit erzieherischer Belange dementsprechend zu verschieben. Auf diese Weise würde man der materiellen Vergleichbarkeit der Gruppe der 21- bis einschließlich 24-Jährigen mit derjenigen der Heranwachsenden Genüge leisten. Dem steht auch die benannte Grundsatzentscheidung des BVerfG nicht im Weg, da das BVerfG die bei Erlass des Grundgesetzes geltende Volljährigkeitsgrenze von 21 Jahren, wie von den Kritikerin hervorgehoben, lediglich als einen „Anhaltspunkt" für eine mögliche Grenzziehung bezeichnet. Im Übrigen dürfte man sich bei der Festlegung des damals geltenden Volljährigkeitsalters an den zu diesem Zeitpunkt vorhandenen entwicklungspsychologischen und -soziologischen Erkenntnissen orientiert haben, die heutzutage, wie dargelegt, keine Geltung mehr beanspruchen.

Über die bloße Berücksichtigung erzieherischer Gesichtspunkte bei der Bemessung einer Jugendstrafe hinaus ist dem oben dargestellten Vorschlag, auch die Gruppe der 21- bis einschließlich 24-Jährigen in das Jugendstrafrecht zu integrieren, in Übereinstimmung mit den neuesten wissenschaftlichen Erkenntnissen zum Entwicklungsstand junger Menschen beizupflichten. Diesbezüglich stellt sich die Frage der konkreten Ausgestaltung (vollständige oder lediglich fakultative[512] Einbeziehung? Mit Blick auf alle Rechtsfolgen oder lediglich hinsichtlich einzelner ausge-

[507] *Beulke*, FS-Streng, 403 ff.; *Sonnen*, ZJJ 2016, 76 f.

[508] BVerfG NJW 1988, 45 (47).

[509] *Beulke*, FS-Streng, 403 (408).

[510] *Diemer*, D/S/S, § 5 Rn. 10; *Beulke*, FS-Streng, 403 (408).

[511] *Beulke*, FS-Streng, 403 (414); ebenfalls für eine Zurückdrängung der Berücksichtigungsfähigkeit erzieherischer Gesichtspunkte mit zunehmenden Alter *Diemer*, D/S/S, § 5 Rn. 10; *Brunner/Dölling*, § 18 Rn. 31.

[512] Eine solche Einbeziehung als „äußerst bedenkenswert" bezeichnet *Pruin*, in: DVJJ (Hrsg.), Herein-, Heraus-, Heran- – Junge Menschen wachsen lassen, S. 489.

wählter und mit Modifikationen?), die jedoch den vorliegenden Untersuchungsgegenstand (Anwendung von Jugendstrafrecht auf Heranwachsende, also 18- bis einschließlich 20-Jährige) überschreitet und daher einer fundierten wissenschaftlichen Aufarbeitung vorbehalten bleibt.

Da eine Integrierung der 21- bis einschließlich 24-Jährigen in das geltende Jugendstrafrecht befürwortet wird, bedarf es nach hier vertretener Ansicht keiner alternativ vorgeschlagenen Einführung eines gesonderten Jungtäterrechts, das speziell auf die Gruppe der volljährigen, noch besonders prägbaren Delinquenten bis zur Vollendung des 25. Lebensjahres ausgerichtet ist[513], sich jedoch entgegen einzelner bisher vorgestellter Konzeptionen u. U. vom Erziehungsprimat des JGG löst[514].

F. Ergebnis der Untersuchung

Die Auseinandersetzung mit den diskutierten Reformmodellen zur strafrechtlichen Behandlung Heranwachsender hat ergeben, dass eine vollständige Einbeziehung dieser Personengruppe in das Jugendstrafrecht sowohl aus rechtsdogmatischer als auch aus rechtstatsächlicher Perspektive zu überzeugen vermag und daher *de lege ferenda* angezeigt ist. Ein entsprechender Änderungsvorschlag wird im folgenden Abschnitt vorgestellt. Darüber hinaus streiten insbesondere die psychologischen, soziologischen, kriminologischen und neurowissenschaftlichen Erkenntnisse zum Reifungsprozess junger Menschen perspektivisch für die Integrierung der 21- bis einschließlich 24-Jährigen in das Jugendstrafrecht.

G. Konkreter Änderungsvorschlag *de lege ferenda*

Die bisher unterbreiteten Änderungsvorschläge zur vollständigen Einbeziehung Heranwachsender in das Jugendstrafrecht waren stets in eine Reformierung des gesamten JGG eingebettet.[515] Mit Blick auf den eingeschränkten Gegenstand der

---

[513] Ein solches Modell befürwortend *Asbrock*, ZRP 1977, 191 ff.; *Dünkel/Geng/Passow*, ZJJ 2017, 123 (126 f.); *Schaffstein*, MSchrKrim 1976, 92 (104 ff.); ein solches Modell ablehnend *Ostendorf*, NK-JGG, Grdl. z. §§ 105 und 106 Rn. 13; *Albrecht*, in: Verhandlungen des 64. Deutschen Juristentages, Band I, D 1 (D 97).

[514] Für eine Zurückdrängung des Erziehungsgedankens im gesamten JGG, um eine „verfassungsrechtlich abgesicherte Anwendung des JGG auf die Straftaten Heranwachsender" zu gewährleisten *Albrecht*, FS-Lüderssen, 153 (160); für eine Aufgabe des Erziehungsgedankens zumindest für die Gruppe der Heranwachsenden *Laubenthal/Baier/Nestler*, Jugendstrafrecht, Rn. 109; an diesem festhaltend *Asbrock*, ZRP 1977, 191 (194); *Schaffstein*, MSchrKrim 1976, 92 (105).

[515] Vgl. Abschlussbericht der Zweiten Jugendstrafrechtsreform-Kommission der DVJJ, DVJJ-Extra Nr. 5 2002; DVJJ, Denkschrift über die kriminalrechtliche Behandlung junger Volljähriger.

vorliegenden Untersuchung soll im Folgenden als Alternative ein Änderungskonzept innerhalb des geltenden Jugendstrafrechts präsentiert werden. Zu diesem Zweck sollen ausschließlich die den Heranwachsenden tangierenden Regelungen einer Begutachtung unterzogen werden. Um die Systematik des JGG aufrechtzuerhalten, wird lediglich für eine Modifikation der §§ 105 ff. JGG plädiert und dies auch nur, soweit die ausnahmslose Einbeziehung Heranwachsender dies gebietet. Im Einzelnen werden die folgenden Änderungen vorgeschlagen.

I. Zu § 105 JGG

§ 105 JGG wird wie folgt geändert:

Absatz 1 wird wie folgt geändert:

„Begeht ein Heranwachsender eine Verfehlung, die nach den allgemeinen Vorschriften mit Strafe bedroht ist, so wendet der Richter die für einen Jugendlichen geltenden Vorschriften der §§ 4 bis 8, 9 Nr. 1, §§ 10, 11 und 13 bis 32 entsprechend an."

Absatz 2 wird gestrichen.

Absatz 3 wird zum neuen Absatz 2.

1. Zu Absatz 1

Durch die Streichung der Voraussetzungen des geltenden § 105 Abs. 1 Nr. 1 und Nr. 2 JGG wird eine ausnahmslose Einbeziehung Heranwachsender in das Jugendstrafrecht erreicht.

2. Zu Absatz 2

Ob es einer Änderung des § 105 Abs. 2 JGG bedarf, wonach die Einbeziehungsregeln des § 31 Abs. 2 Satz 1, Abs. 3 auch dann anzuwenden sind, wenn der Heranwachsende wegen eines Teils der Straftaten bereits rechtskräftig nach allgemeinem Strafrecht verurteilt worden ist, hängt davon ab, wie man diese Norm auslegt. Eindeutig erfasst ist der Fall, dass ein zur Tatzeit Heranwachsender zunächst nach allgemeinem Strafrecht abgeurteilt wird, während in einem neuen Verfahren nach § 105 Abs. 1 JGG Jugendstrafrecht angewandt werden soll.

Umstritten ist jedoch, ob auch Konstellationen unter diese Norm fallen, in denen ein im gegenwärtigen Verfahren als Heranwachsender nach Jugendstrafrecht Abzuurteilender zuvor wegen einer als Erwachsener begangenen Tat nach allgemeinem Strafrecht verurteilt worden ist. Der Wortlaut ist insoweit nicht eindeutig. Denn die „Tat", bei deren Begehung der Angeklagte Heranwachsender sein muss, könnte auch lediglich die noch nicht abgeurteilte sein. Dann wäre diese Fallvariante ebenfalls von

§ 105 Abs. 2 JGG erfasst.[516] In der Konsequenz müsste diese Regelung beibehalten werden, da solche Konstellationen auch bei einer vollständigen Einbeziehung Heranwachsender in das Jugendstrafrecht auftreten können. Man könnte das Merkmal des Heranwachsenden jedoch auch auf die Tat beziehen, wegen der bereits eine rechtskräftige Verurteilung nach allgemeinem Strafrecht vorliegt. Dann würde § 105 Abs. 2 JGG lediglich die Konstellation erfassen, dass der Delinquent wegen einer als Heranwachsender begangenen Tat nach allgemeinem Strafrecht abgeurteilt worden ist. In diesem Fall ist § 105 Abs. 2 JGG ersatzlos zu streichen, da solche Konstellationen bei einer vollständigen Einbeziehung Heranwachsender nicht mehr denkbar sind.

Die h.M. deutet § 105 Abs. 2 JGG so, dass er auch den Fall erfasst, in dem der Delinquent zuvor wegen einer als Erwachsener begangenen Tat nach allgemeinem Strafrecht abgeurteilt wurde, und nimmt anschließend analog § 32 JGG eine Schwergewichtsprüfung vor.[517] Der Begriff des „Heranwachsenden" sei systematisch stimmig in Anlehnung an denselben Begriff in Absatz 1 zu bestimmen, in welchem über die Verweisung auf § 32 JGG auch Fälle erfasst werden, in denen der Heranwachsende eine Tat als Erwachsener begangen hat.[518] Weiterhin spreche für eine solche Deutung der Wille des Gesetzgebers, der ein Nebeneinander von Sanktionen verschiedener Strafrechtsordnungen für nicht vereinbar mit dem das JGG bestimmenden Erziehungsgedanken ansah.[519]

Bei dieser Argumentation wird jedoch außer Acht gelassen, dass § 105 Abs. 2 JGG ausweislich der Gesetzesbegründung auch dazu dienen sollte, aufgrund besserer Erkenntnisse die der vorangegangenen Verurteilung zugrunde liegende Reifebeurteilung zu korrigieren.[520] Eine solche Korrektur ist jedoch nur möglich, wenn die abgeurteilte Tat ebenfalls als Heranwachsender begangen worden ist. Auch dem BGH scheint dieses gesetzgeberische Ziel bewusst gewesen zu sein, wenn er zur Begründung der zusätzlichen Heranziehung des § 32 JGG in derart gelagerten Fällen ausführt, dass „der Einbeziehung [...] auch eine Neubeurteilung der früher abgeurteilten Tat(en) hinsichtlich der Frage voranzugehen [habe], ob aufgrund neuerer Erkenntnisse für sie Jugendstrafrecht anwendbar ist."[521] Wie dies jedoch im Hinblick auf eine als Erwachsener begangene Tat möglich sein soll, für die isoliert gerade keine Option der Aburteilung nach Jugendstrafrecht bestand, bleibt dunkel. Die Deutung der h.M. ist darüber hinaus auch hinsichtlich der analogen Anwendung des

[516] Vgl. zu den möglichen Deutungen des Wortlauts *Schlehofer*, BeckOK-JGG, § 105 Rn. 26.

[517] BGH BeckRS 2018, 4214 Rn. 24; BGH NJW 1994, 744; BGH NJW 1990, 3157 f.; *Brunner/Dölling*, § 32 Rn. 8; *Eisenberg/Kölbel*, JGG, § 105 Rn. 63 f.; *Meier/Bannenberg/Höffler*, Jugendstrafrecht, § 5 Rn. 37; *Sonnen*, D/S/S, § 105 Rn. 32.

[518] BGH NJW 1990, 3157.

[519] BGH NJW 1990, 3175; *Brunner/Dölling*, § 32 Rn. 8; zur Gesetzesbegründung BT-Dr. 7/550, S. 333.

[520] *Laue*, MüKo-StGB, § 105 JGG Rn. 47, 51; *Schlehofer*, BeckOK-JGG, § 105 Rn. 27; zur Gesetzesbegründung BT-Dr. 7/550, S. 332 f.

[521] BGH NJW 1990, 3157.

§ 32 JGG systematisch unstimmig. Dieser ist zwar gem. § 105 Abs. 1 JGG entsprechend anwendbar und eine „gleichzeitige Aburteilung" liegt auch bei einer Einbeziehung gem. § 31 Abs. 2 Satz 1 JGG, der über § 105 Abs. 2 JGG Anwendung findet, vor. Eine solche setzt nämlich lediglich voraus, dass über die Rechtsfolgen in einem Urteil entschieden wird, nicht, dass auch die Voraussetzungen der Strafbarkeit in einem Urteil festgestellt werden. Dies folgt aus der Rechtsfolge, auf die sich die gleichzeitige Aburteilung bezieht, die einheitliche Anwendung von Jugendstrafrecht oder allgemeinem Strafrecht. Diese Anwendung bezieht sich ausschließlich auf die Rechtsfolgen der jeweiligen Taten, nicht zugleich auf deren Voraussetzungen.[522] Jedoch wäre weiterhin erforderlich, dass auch die Rechtsfolge des § 31 Abs. 2 Satz 1 JGG dispensiert und durch die des § 32 JGG ersetzt wird. Eine solche Rechtsfolge sieht § 105 Abs. 1 JGG jedoch gerade nicht vor.[523]

Nach zutreffender Ansicht eröffnet § 105 Abs. 2 JGG daher lediglich die Möglichkeit, aufgrund besserer Erkenntnisse die in einer vorangehenden Verurteilung getroffene Reifebeurteilung auf Grundlage des § 105 Abs. 1 JGG zu korrigieren. Mithin erfasst er nur den Fall, dass ein Delinquent wegen einer zuvor als Heranwachsender begangenen Tat nach allgemeinem Strafrecht abgeurteilt wurde.[524] Da eine solche Konstellation durch die Änderung des § 105 Abs. 1 JGG ausgeschlossen wird, ist § 105 Abs. 2 JGG im Ergebnis zu streichen.[525]

3. Zu Absatz 3

Die vollständige Einbeziehung Heranwachsender in das Jugendstrafrecht gebietet keine Änderung der Strafrahmenerhöhung des § 105 Abs. 3 JGG. Der Absatz 3 kann daher wortgleich als neuer Absatz 2 übernommen werden.

II. Zu § 106 JGG

§ 106 JGG wird wie folgt geändert:

§ 106 JGG wird in Gänze gestrichen.

§ 106 JGG sieht Modifikationen des allgemeinen Strafrechts im Falle einer Anwendung desselben auf einen Heranwachsenden vor. Bei einer vollständigen Einbeziehung Heranwachsender in das Jugendstrafrecht sind solche Fälle nicht mehr denkbar, sodass § 106 JGG obsolet wird.

---

[522] Vgl. eingehend *Schlehofer*, BeckOK-JGG, § 32 Rn. 3.

[523] *Schlehofer*, BeckOK-JGG, § 105 Rn. 28.

[524] *Laue*, MüKo-StGB, § 105 JGG Rn. 47, 51; *Schlehofer*, BeckOK-JGG, § 105 Rn. 26 ff.

[525] Für eine systematisch stimmige Behandlung der Konstellationen mehrerer Straftaten, auch derjenigen in verschiedenen Alters- und Reifestufen vgl. ausführlich *Schlehofer*, BeckOK-JGG, § 105 Rn. 24 ff.

III. Zu § 107 JGG

§ 107 JGG kann unverändert beibehalten werden. Die vollständige Integrierung Heranwachsender in das Jugendstrafrecht gebietet insoweit keine Modifikationen.

IV. Zu § 108 JGG

§ 108 JGG ist wie folgt zu ändern:

Absatz 1 bleibt inhaltlich unverändert. Lediglich das Absatzzeichen ist zu streichen, da § 108 JGG zukünftig keinen zweiten und dritten Absatz mehr enthält.

Absatz 2 ist zu streichen.

Absatz 3 ist zu streichen.

Die Absätze 2 und 3 enthalten Regelungen für den Fall, dass bei einem Heranwachsenden die Anwendung des allgemeinen Strafrechts zu erwarten ist bzw. feststeht. Im Falle einer ausnahmslosen Einbeziehung Heranwachsender in das Jugendstrafrecht werden diese Regelungen daher obsolet.

V. Zu § 109 JGG

§ 109 JGG ist wie folgt zu ändern:

Absatz 1 Satz 1 ist wie folgt zu ändern:

„Von den Vorschriften über das Jugendstrafverfahren (§§ 43 bis 81a) sind im Verfahren gegen einen Heranwachsenden die §§ 43, 45, 46a, 47 Abs. 1 S. 1 Nr. 1, 2 und 3, Abs. 2, 3, 47a, 50 Abs. 3 und 4, die §§ 51a, 52, 52a, 54 Abs. 1, die §§ 55 bis 66, 68 Nr. 1, 4 und 5, die §§ 68a, 68b, 70 Abs. 2 und 3, die §§ 70a, 70b Abs. 1 S. 1 und Abs. 2, die §§ 70c, 72a bis 73, 74, 79 Abs. 1 und 81a entsprechend anzuwenden."

Absatz 1 Satz 2 ist wie folgt zu ändern:

„Die Bestimmungen des § 70a sind nur insoweit anzuwenden, als sich die Unterrichtung auf Vorschriften bezieht, die für Heranwachsende nicht ausgeschlossen sind."

In Absatz 1 wird folgender neuer Satz 3 eingefügt, der dem geltenden § 109 Absatz 2 Satz 3 entspricht:

„§ 55 Abs. 1 und 2 ist nicht anzuwenden, wenn die Entscheidung im beschleunigten Verfahren des allgemeinen Verfahrensrechts ergangen ist."

In Absatz 1 wird folgender neuer Satz 4 eingefügt, der dem geltenden § 109 Absatz 2 Satz 4 entspricht:

„§ 74 ist im Rahmen einer Entscheidung über die Auslagen des Verletzten nach § 472a der Strafprozessordnung nicht anzuwenden."

In Absatz 1 wird folgender neuer Satz 5 eingefügt, der dem geltenden § 109 Absatz 1 Satz 3 entspricht:

„Die Jugendgerichtshilfe und in geeigneten Fällen auch die Schule werden von der Einleitung und dem Ausgang des Verfahrens unterrichtet.“

In Absatz 1 wird folgender neuer Satz 6 eingefügt, der dem geltenden § 109 Absatz 1 Satz 4 entspricht:

„Sie benachrichtigen den Staatsanwalt, wenn ihnen bekannt wird, daß gegen den Beschuldigten noch ein anderes Strafverfahren anhängig ist.“

In Absatz 1 wird folgender neuer Satz 7 eingefügt, der dem geltenden § 109 Absatz 1 Satz 5 entspricht:

„Die Öffentlichkeit kann ausgeschlossen werden, wenn dies im Interesse des Heranwachsenden geboten ist.“

Die Absätze 2 und 3 werden gestrichen. In der Folge ist das Absatzzeichen im neuen § 109 JGG in Gänze zu entfernen.

§ 109 JGG regelt das Verfahren gegen Heranwachsende. Dabei werden im Absatz 1 generelle Regelungen getroffen, die auch bei einer Aburteilung nach allgemeinem Strafrecht gelten, während Absatz 2 nur für den Fall eingreift, dass Jugendstrafrecht anzuwenden ist. Eine solche Differenzierung ist bei einer vollständigen Einbeziehung Heranwachsender in das Jugendstrafrecht nicht mehr von Nöten. Daher wird die im derzeitigen Absatz 2 Satz 1 verortete zusätzliche Auflistung entsprechend anzuwendender Vorschriften des JGG in die Auflistung des neuen Absatz 1 Satz 1 integriert.

Im derzeitigen Satz 2 des Absatzes 1 wird die Formulierung „nach dem für den Heranwachsenden geltenden Recht“ gestrichen und entsprechend dem obigen Vorschlag modifiziert, da sie sich auf die Anwendbarkeit unterschiedlicher Verfahrensvorschriften entsprechend der Differenzierung in dem geltenden § 109 Abs. 1 und Abs. 2 JGG bezieht, welche nach dem hiesigen Vorschlag obsolet wird.

Die derzeitigen Sätze 3 und 4 des Absatzes 2 werden zu den neuen Sätzen 3 und 4 des Absatzes 1. Absatz 2 Satz 2 ist hingegen ersatzlos zu streichen, da er auf den geltenden § 105 Abs. 2 JGG Bezug nimmt, der nach der hier vorgeschlagenen Reform entfällt. Die derzeitigen Sätze 3, 4 und 5 des Absatzes 1 werden wortgleich in die Sätze 5, 6 und 7 des neuen Absatzes 1 übernommen.

Durch eine solche Modifikation des Absatzes 1 kann Absatz 2 ersatzlos gestrichen werden.

Absatz 3 ist ebenfalls ersatzlos zu streichen. Er verbietet die Verhängung einer Freiheitsstrafe im Strafbefehlsverfahren gegen einen Heranwachsenden. Durch die vollständige Einbeziehung Heranwachsender in das Jugendstrafrecht wird ein Strafbefehlsverfahren gegen diese Personengruppe jedoch gem. § 109 Abs. 1 Satz 1 JGG n.F. i.V.m. § 79 Abs. 1 JGG ausgeschlossen. In der Folge wird Absatz 3 obsolet.

VI. Zu § 110 JGG

§ 110 JGG ist wie folgt zu ändern:

Absatz 1 wird wie folgt geändert:

„Von den Vorschriften über die Vollstreckung und den Vollzug bei Jugendlichen gelten § 82 Abs. 1, §§ 83 bis 93a für Heranwachsende entsprechend, soweit der Richter nach diesem Gesetz zulässige Maßnahmen oder Jugendstrafe verhängt hat."

Absatz 2 bleibt unverändert.

In Absatz 1 ist lediglich der Passus „soweit der Richter Jugendstrafrecht angewendet (§ 105) und" zu streichen, da durch die vollständige Einbeziehung Heranwachsender in das Jugendstrafrecht keine alternative Option mehr in Form der Aburteilung nach allgemeinem Strafrecht besteht.

Absatz 2 weist keinen Bezug zum geltenden § 105 Abs. 1 JGG auf und kann daher unverändert beibehalten bleiben.

VII. Zu § 111 JGG

§ 111 JGG kann unverändert beibehalten werden. Die vollständige Integrierung Heranwachsender in das Jugendstrafrecht gebietet insoweit keine Modifikationen.

VIII. Zu § 112 JGG

§ 112 JGG ist wie folgt zu ändern:

§ 112 Satz 1 JGG kann unverändert beibehalten werden.

§ 112 Satz 2 JGG ist wie folgt zu ändern:

„Die in § 104 Abs. 1 genannten Vorschriften sind nur insoweit anzuwenden, als sie für die Heranwachsenden nicht ausgeschlossen sind."

§ 112 Satz 3 JGG kann unverändert beibehalten werden.

In § 112 Satz 2 JGG ist lediglich die Bezugnahme auf das „für Heranwachsende geltende Recht" zu streichen, da durch die vollständige Einbeziehung in das Jugendstrafrecht keine alternative Option mehr zu den §§ 105 ff. JGG besteht.

IX. Gesamtschau der Änderungsvorschläge

In der Gesamtschau würden die so reformierten §§ 105 ff. JGG wie folgt aussehen:

§ 105 JGG (Anwendung des Jugendstrafrechts auf Heranwachsende)

(1) Begeht ein Heranwachsender eine Verfehlung, die nach den allgemeinen Vorschriften mit Strafe bedroht ist, so wendet der Richter die für einen Jugendlichen geltenden Vorschriften der §§ 4 bis 8, 9 Nr. 1, §§ 10, 11 und 13 bis 32 entsprechend an.

(2) Das Höchstmaß der Jugendstrafe für Heranwachsende beträgt zehn Jahre. Handelt es sich bei der Tat um Mord und reicht das Höchstmaß nach Satz 1 wegen der besonderen Schwere der Schuld nicht aus, so ist das Höchstmaß 15 Jahre.

§ 106 JGG (weggefallen)

§ 107 JGG (Gerichtsverfassung)

Von den Vorschriften über die Jugendgerichtsverfassung gelten die §§ 33 bis 34 Abs. 1 und §§ 35 bis 38 für Heranwachsende entsprechend.

§ 108 JGG (Zuständigkeit)

Die Vorschriften über die Zuständigkeit der Jugendgerichte (§§ 39 bis 42) gelten auch bei Verfehlungen Heranwachsender.

§ 109 JGG (Verfahren)

Von den Vorschriften über das Jugendstrafverfahren (§§ 43 bis 81a) sind im Verfahren gegen einen Heranwachsenden die §§ 43, 45, 46a, 47 Abs. 1 S. 1 Nr. 1, 2 und 3, Abs. 2, 3, 47a, 50 Abs. 3 und 4, die §§ 51a, 52, 52a, 54 Abs. 1, die §§ 55 bis 66, 68 Nr. 1, 4 und 5, die §§ 68a, 68b, 70 Abs. 2 und 3, die §§ 70a, 70b Abs. 1 S. 1 und Abs. 2, die §§ 70c, 72a bis 73, 74, 79 Abs. 1 und 81a entsprechend anzuwenden. Die Bestimmungen des § 70a sind nur insoweit anzuwenden, als sich die Unterrichtung auf Vorschriften bezieht, die für Heranwachsende nicht ausgeschlossen sind. § 55 Abs. 1 und 2 ist nicht anzuwenden, wenn die Entscheidung im beschleunigten Verfahren des allgemeinen Verfahrensrechts ergangen ist. § 74 ist im Rahmen einer Entscheidung über die Auslagen des Verletzten nach § 472a der Strafprozessordnung nicht anzuwenden. Die Jugendgerichtshilfe und in geeigneten Fällen auch die Schule werden von der Einleitung und dem Ausgang des Verfahrens unterrichtet. Sie benachrichtigen den Staatsanwalt, wenn ihnen bekannt wird, daß gegen den Beschuldigten noch ein anderes Strafverfahren anhängig ist. Die Öffentlichkeit kann ausgeschlossen werden, wenn dies im Interesse des Heranwachsenden geboten ist.

§ 110 JGG (Vollstreckung und Vollzug)

(1) Von den Vorschriften über die Vollstreckung und den Vollzug bei Jugendlichen gelten § 82 Abs. 1, §§ 83 bis 93a für Heranwachsende entsprechend, soweit der Richter nach diesem Gesetz zulässige Maßnahmen oder Jugendstrafe verhängt hat.

(2) Für die Vollstreckung von Untersuchungshaft an zur Tatzeit Heranwachsenden gilt § 89c Abs. 1 und Abs. 3 entsprechend.

§ 111 JGG (Beseitigung des Strafmakels)

Die Vorschriften über die Beseitigung des Strafmakels (§§ 97 bis 101) gelten für Heranwachsende entsprechend, soweit der Richter Jugendstrafe verhängt hat.

§ 112 JGG (Entsprechende Anwendung)

Die §§ 102, 103, 104 Abs. 1 bis 3 und 5 gelten für Verfahren gegen Heranwachsende entsprechend. Die in § 104 Abs. 1 genannten Vorschriften sind nur insoweit anzuwenden, als sie für die Heranwachsenden nicht ausgeschlossen sind. Hält der Richter die Erteilung von Weisungen für erforderlich, so überläßt er die Auswahl und Anordnung dem Jugendrichter, in dessen Bezirk sich der Heranwachsende aufhält.

Literaturverzeichnis

Ackermann, Leonie: Die Altersgrenzen der Strafbarkeit in Deutschland, Österreich und der Schweiz, Frankfurt am Main 2009.

Albrecht, Hans-Jörg: Ist das deutsche Jugendstrafrecht noch zeitgemäß?, in: Verhandlungen des 64. Deutschen Juristentages (hrsg. von der Ständigen Deputation des Deutschen Juristentages), Band I, Gutachten, München 2002, D 1 – D 172 (zit.: *Albrecht*, in: Verhandlungen des 64. Deutschen Juristentages, Band I).

Albrecht, Peter-Alexis: Wider besseres Wissen – Gegenreform im Jugendstrafrecht, in: Festschrift für Lüderssen, Baden-Baden 2002, S. 153 – 164 (zit.: *Albrecht*, FS-Lüderssen).

Asbrock, Bernd: Plädoyer für ein Jungtäterrecht, in: ZRP 1977, S. 191 – 195.

Balbier, Werner: Brauchen wir ein neues Jugendstrafrecht?, in: DRiZ 1989, S. 404 – 409.

Beck'scher Online Kommentar zum GG: 44. Edition, Stand: 15.08.2020 (zit.: *Bearbeiter*, BeckOK-GG).

Beck'scher Online Kommentar zum JGG: 18. Edition, Stand: 01.08.2020 (zit.: *Bearbeiter*, BeckOK-JGG).

Beck'scher Online Kommentar zum OWiG: 27. Edition, Stand: 01.07.2020 (zit.: *Bearbeiter*, BeckOK-OWiG).

Beulke, Werner: Jugendstrafe bei lange zurückliegenden Taten gegenüber inzwischen erwachsenen Straftätern, in: Festschrift für Franz Streng, Heidelberg 2017, S. 403 – 416 (zit.: *Beulke*, FS-Streng).

Beulke, Werner/*Swoboda*, Sabine: Jugendstrafrecht. Eine systematische Darstellung, 16. Auflage, Stuttgart 2020 (zit.: *Beulke/Swoboda*, Jugendstrafrecht).

Böhm, Alexander: Aus der neueren Rechtsprechung zum Jugendstrafrecht, in: NStZ 1989, S. 521 – 524.

Böhm, Alexander/*Feuerhelm*, Wolfgang: Einführung in das Jugendstrafrecht, 4. Auflage, München 2004.

Brauneck, Anne-Eva: Die Jugendlichenreife nach § 105 JGG, in: ZStW 77 (1965), S. 209 – 219.

Bresser, Paul H.: Noch immer: Die Problematik des § 105 JGG, Volljährigkeit setzt neue Maßstäbe der Beurteilung, in: Festschrift für Friedrich Schaffstein, Göttingen 1975, S. 323 – 332 (zit.: *Bresser*, FS-Schaffstein).

Brunner, Rudolf/*Dölling*, Dieter: Jugendgerichtsgesetz, 13. Auflage, Berlin/Boston 2018 (zit.: *Brunner/Dölling*).

Budelmann, Hannes: Jugendstrafrecht für Erwachsene? Zur Anwendbarkeit von Jugendstrafrecht auf sich zum Verfahrenszeitpunkt im Erwachsenenalter befindliche Personen, Frankfurt am Main 2005 (zit.: *Budelmann*, Jugendstrafrecht für Erwachsene?).

Busch, Thomas P.: Rechtspsychologische Begutachtung delinquenter Heranwachsender, Evidenzbasierte Entscheidungsalgorithmen zur strafrechtlichen Zuweisung gem. § 105 JGG, Berlin 2006 (zit.: *Busch*, Rechtspsychologische Begutachtung delinquenter Heranwachsender).

Busch, Thomas P.: Evidenzbasierte Entscheidungsalgorithmen zur strafrechtlichen Zuweisung gemäß § 105 JGG, in: ZJJ 2006, S. 264–272.

Busch, Thomas P./*Scholz*, O. Berndt: Neure Forschung zum § 105 JGG, Die Bonner Delphi-Studie – Ein Zwischenbericht, in: MschrKrim 2003, S. 421–432.

Clostermann, Ludwig: Die strafrechtliche Behandlung der Jugendlichen. Leitsätze., in: ZStW 58 (1939), S. 741–742.

Diemer, Herbert/*Schatz*, Holger/*Sonnen*, Bernd-Rüdeger (Hrsg.): Jugendgerichtsgesetz, Heidelberger Kommentar, 8. Auflage, Heidelberg 2020 (zit.: *Bearbeiter*, D/S/S).

Dünkel, Frieder: Jugendkriminalpolitik in Europa und den USA: von Erziehung zu Strafe und zurück?, in: DVJJ (Hrsg.), Jugend ohne Rettungsschirm, Mönchengladbach 2015, S. 527–565 (zit.: *Dünkel*, in: DVJJ (Hrsg.), Jugend ohne Rettungsschirm).

Dünkel, Frieder: Heranwachsende im (Jugend-)Kriminalrecht, Regelungen und Reformtendenzen in den Staaten Westeuropas, in: ZStW 105 (1993), S. 137–165.

Dünkel, Frieder/*Geng*, Bernd/*Passow*, Daniel: Erkenntnisse der Neurowissenschaften zur Gehirnreifung („brain maturation") – Argumente für ein Jungtäterstrafrecht, in: ZJJ 2017, S. 123–129.

DVJJ (Hrsg.): Herein-, Heraus-, Heran- – Junge Menschen wachsen lassen, Dokumentation des 30. Deutschen Jugendgerichtstages vom 14. bis 17. September 2017 in Berlin, Mönchengladbach 2019 (zit.: *Autor*, in: DVJJ (Hrsg.), Herein-, Heraus-, Heran- – Junge Menschen wachsen lassen).

DVJJ (Hrsg.): Verantwortung für Jugend, Dokumentation des 26. Deutschen Jugendgerichtstages vom 25.–28. September 2004 in Leipzig, Mönchengladbach 2006 (zit.: *Autor*, in: DVJJ (Hrsg.), Verantwortung für Jugend).

DVJJ (Hrsg.): Jugend, Gesellschaft und Recht im neuen Jahrtausend, Blick zurück nach vorn, Dokumentation des 25. Deutschen Jugendgerichtstages vom 28. September bis 2. Oktober 2001 in Marburg, Mönchengladbach 2003 (zit.: *Autor*, in: DVJJ (Hrsg.), Jugend, Gesellschaft und Recht im neuen Jahrtausend).

DVJJ (Hrsg.): Junge Volljährige im Kriminalrecht, Bericht über die Verhandlungen des 17. Jugendgerichtstages in Saarbrücken vom 27. bis 30. September 1977, München 1978 (zit.: *Autor*, in: DVJJ (Hrsg.), Junge Volljährige im Kriminalrecht).

DVJJ (Hrsg.): Denkschrift über die kriminalrechtliche Behandlung junger Volljähriger, Göttingen 1977 (zit.: *DVJJ*, Denkschrift über die kriminalrechtliche Behandlung junger Volljähriger).

DVJJ (Hrsg.): Die Rechtsbrüche der 18 bis 21 Jährigen Heranwachsenden, Bericht über die Verhandlungen des 10. Jugendgerichtstages in Marburg/Lahn vom 11. bis 13. Oktober 1956, Köln/Berlin 1959 (zit.: *Autor*, in: DVJJ (Hrsg.), Die Rechtsbrüche der 18 bis 21 Jährigen Heranwachsenden).

DVJJ (Hrsg.): Neue Wege zur Bekämpfung der Jugendkriminalität, Wiedergabe der Verhandlungen des 9. Deutschen Jugendgerichtstages in München am 8. und 9. Oktober 1953, nebst einem kurzen Bericht über den 8. Deutschen Jugendgerichtstag in Bad Godesberg v. 20.–22. April 1950, Köln/Berlin 1955 (zit.: *Autor*, in: DVJJ (Hrsg.), Neue Wege zur Bekämpfung der Jugendkriminalität).

DVJJ (Hrsg.): Verhandlungen des 6. Deutschen Jugendgerichtstages. Heidelberg 17.–19. September, Berlin 1925 (zit.: *Autor*, in: DVJJ (Hrsg.), Verhandlungen des 6. JGT).

DVJJ-Jugendstrafrechtsreform-Kommission: 2. Jugendstrafrechtsreform-Kommission. Vorschläge für eine Reform des Jugendstrafrechts, in: DVJJ-Journal Extra Nr. 5 2002, S. 1–128.

DVJJ-Jugendstrafrechtsreform-Kommission: Für ein neues Jugendgerichtsgesetz. Vorschläge der DVJJ-Kommission zur Reform des Jugendkriminalrechts, in: DVJJ-Journal 1992, S. 4–39.

Eisenberg, Ulrich/*Kölbel*, Ralf: Jugendgerichtsgesetz, 21. Auflage, München 2020 (zit.: *Eisenberg/Kölbel*, JGG).

Esser, G.: Sind die Kriterien der sittlichen Reife des § 105 JGG tatsächlich reifungsabhängig?, in: DVJJ-Journal 1999, S. 37–40.

Esser, G./*Fritz*, A./*Schmidt*, M.H.: Die Beurteilung der sittlichen Reife Heranwachsender im Sinne des § 105 JGG – Versuch einer Operationalisierung, in: MSchrKrim 1991, S. 356–368.

Fischer, Thomas: Strafgesetzbuch mit Nebengesetzen, 67. Auflage, München 2020 (zit.: *Fischer*, StGB).

Gehb, Jürgen/*Drange*, Günter: Heranwachsende im Strafrecht – Quo vaditis?, in: DRiZ 2004, S. 118–121.

Gensing, Andrea: Jugendgerichtsbarkeit und Jugendstrafverfahren im europäischen Vergleich, Mönchengladbach 2014.

Göhler, Erich: Ordnungswidrigkeitengesetz, Kommentar, 17. Auflage, München 2017 (zit.: *Bearbeiter*, Göhler-OWiG).

Grunewald, Ralph: Die De-Individualisierung des Erziehungsgedankens im Jugendstrafrecht, Berlin 2003.

Günter, Michael: Der § 105 JGG: Entwicklungspsychologische Erkenntnisse und gutachterliche Praxis, in: Forensische Psychiatrie Psychologie Kriminologie 2008, S. 169–179 (zit.: *Günter*, Forens Psychiatr Psychol Kriminol 2008).

Hauptjugendamt von Groß Berlin (Hrsg.): Stand und Neuordnung der Jugendgerichtsbarkeit. Bericht über die Berliner Tagung vom 22. bis 26. Mai 1949, Berlin 1949.

Heinz, Wolfgang: Reformbedarf des Jugendstrafrechts? Jugendkriminalität und Jugendkriminalrechtspflege aus Sicht der Kriminologie, in: MschrKrim 1998, S. 399–425.

Herzberg, Rolf Dietrich: Setzt strafrechtliche Schuld ein Vermeidenkönnen voraus?, in: ZStW 124 (2012), S. 12–63.

Hinz, Werner: Jugendstrafrecht auf dem Prüfstand, in: ZRP 2001, S. 106–112.

Höynck, Theresia/*Sonnen*, Bernd-Rüdeger: Jugendstrafrecht als Spielball im Prozess politischer Meinungsbildung, in: ZRP 2001, S. 245–250.

Huhle, Sebastian: Die Sanktionierung von jungen Menschen im Ordnungswidrigkeitenrecht, Berlin 2017.

Hurrelmann, Klaus: Mut zur demokratischen Erziehung!, in: Pädagogik Heft 7–8 1994, S. 13–17 (zit.: *Hurrelmann*, Pädagogik Heft 7–8 (1994)).

Hurrelmann, Klaus/*Quenzel*, Gudrun: Lebensphase Jugend, Eine Einführung in die sozialwissenschaftliche Jugendforschung, 13. Auflage, Weinheim/Basel 2016 (zit.: *Hurrelmann/Quenzel*, Lebensphase Jugend).

Janssen, Dietrich: Heranwachsende im Jugendstrafverfahren,– Ein empirischer Beitrag zur gegenwärtigen Praxis und zu Reformvorschlägen –, Göttingen 1980 (zit.: *Janssen*, Heranwachsende im Jugendstrafverfahren).

Jarass, Hans/*Pieroth*, Bodo: Grundgesetz für die Bundesrepublik Deutschland, Kommentar, 16. Auflage, München 2020 (zit.: *Bearbeiter*, Jarass/Pieroth).

Jesionek, Udo: Jugendgerichtsbarkeit in Österreich, in: ZJJ 2007, S. 120–128.

Kornprobst, Hans: Ist das deutsche Jugendstrafrecht noch zeitgemäß?, in: JR 2002, S. 309–314.

Kreuzer, Arthur: Junge Volljährige im Kriminalrecht – aus juristisch-kriminologisch-kriminalpolitischer Sicht, in: MSchrKrim 1978, S. 1–21.

Krüper, Julian: Grundlagen des Rechts, 3. Auflage, Baden-Baden 2017 (*Bearbeiter*, in: Krüper, Grundlagen des Rechts).

Kudlich, Hans: Anwendbarkeit von Jugendstrafrecht auf Heranwachsende bei Zweifeln an weiteren Entwicklungsfortschritten – BGH NJW 2002, 73, in: JuS 2002, S. 1164–1168.

Kümmerlein, Heinz: Das neue Jugendgerichtsgesetz, in: DJ 1943, S. 529–538.

Kusch, Roger: Plädoyer für die Abschaffung des Jugendstrafrechts, in: NStZ 2006, S. 65–69.

Landau, Herbert: Zwischen Strafbedürfnis und Schutzbedürftigkeit, in: ZJJ 2008, S. 216–223.

Landau, Herbert: Referat, in: Verhandlungen des 64. Deutschen Juristentages (hrsg. von der Ständigen Deputation des Deutschen Juristentages), Band II/1, Sitzungsberichte – Referate und Beschlüsse, München 2002, N 37–N 64 (zit.: *Landau*, 64. DJT Band II/1).

Larenz, Karl/*Canaris*, Claus-Wilhelm: Methodenlehre der Rechtswissenschaft, 3. Auflage, Berlin et al. 1995.

Laubenthal, Klaus/*Baier*, Helmut/*Nestler*, Nina: Jugendstrafrecht, 3. Auflage, Berlin/Heidelberg 2015.

Laue, Christian, Die Rechtsprechung des Bundesgerichtshofs zu § 105 JGG, in: ZJJ 2017, S. 108–114.

Löffelsender, Michael: Von „Leichtsinnstätern“ und „jugendlichen Schwerverbrechern“ – Grundzüge der Jugendstrafrechtspflege im Zweiten Weltkrieg, in: ZJJ 2017, S. 215–220.

Looschelders, Dirk/*Roth*, Wolfgang: Juristische Methodik im Prozess der Rechtsanwendung, Zugleich ein Beitrag zu den verfassungsrechtlichen Grundlagen von Gesetzesauslegung und Rechtsfortbildung, Berlin 1996 (zit.: *Looschelders/Roth*, Juristische Methodik im Prozess der Rechtsanwendung).

Lösel, Friedrich/*Bliesener*, Thomas: Zur Altersgrenze strafrechtlicher Verantwortlichkeit von Jugendlichen aus psychologischer Sicht, in: DVJJ-Journal 1997, S. 387–394.

Lütkes, Anne/*Rose*, Frank: Das geltende Jugendstrafrecht ist besser als sein Ruf, in: ZRP 2003, S. 472–473.

Maunz, Theodor/*Dürig*, Günter (Begr.): Grundgesetz, Kommentar, hrsg. von Roman Herzog u. a., Loseblattsammlung, Band III, Art. 16–22, 91. Ergänzungslieferung, Stand: April 2020 (zit.: *Bearbeiter*, Maunz/Dürig).

Meier, Bernd-Dieter/*Bannenberg*, Britta/*Höffler*, Katrin: Jugendstrafrecht, 4. Auflage, München 2019.

Meier, Bernd-Dieter/*Rössner*, Dieter/*Trüg*, Gerson/*Wulf*, Rüdiger: Jugendgerichtsgesetz, Handkommentar, 2. Auflage, Baden-Baden 2014 (zit.: *Bearbeiter*, HK-JGG).

Mitsch, Wolfgang: Probleme des § 105 Abs. 3 S. 2 JGG, in: Festschrift für Werner Beulke, Heidelberg 2015, S. 1181–1193 (zit.: *Mitsch*, FS-Beulke).

Mitsch, Wolfgang: Die Anwendbarkeit des Jugendstrafrechts auf Heranwachsende, in: Jura 2002, S. 242–248.

Mitsch, Wolfgang (Hrsg.): Karlsruher Kommentar zum OWiG, 5. Auflage, München 2018 (zit.: *Bearbeiter*, KK-OWiG).

Münchener Kommentar zum StGB: Band 1 (hrsg. von Joecks, Wolfgang/Miebach, Klaus), §§ 1–37, 4. Auflage, München 2020 (zit.: *Bearbeiter*, MüKo-StGB).

Münchener Kommentar zum StGB: Band 6 (hrsg. von Joecks, Wolfgang/Miebach, Klaus), JGG (Auszug), Nebenstrafrecht I, 3. Auflage, München 2018 (zit.: *Bearbeiter*, MüKo-StGB).

Neubacher, Frank: Der kriminalrechtliche Umgang mit Heranwachsenden – Stimmiges, Unstimmiges, Unbekanntes, in: Berliner Symposium zum Jugendkriminalrecht und seiner Praxis, Mönchengladbach 2017, S. 121–154 (zit.: *Neubacher*, in: Berliner Symposium zum Jugendkriminalrecht und seiner Praxis).

Ostendorf, Heribert: Zeitwende im Jugendkriminalrecht? Die Beschlüsse des 64. Deutschen Juristentages und die Vorschläge der DVJJ-Reformkommission, in: NK 2003, S. 16–19.

Ostendorf, Heribert (Hrsg.): Jugendgerichtsgesetz, 10. Auflage, Baden-Baden 2016 (zit.: *Bearbeiter*, NK-JGG).

Ostendorf, Heribert/*Drenkhahn*, Kirstin: Jugendstrafrecht, 10. Auflage, Baden-Baden 2020.

Paul, Andreas: Reform der Altersstufen im Jugendstrafrecht, in: ZRP 2003, S. 204–207.

Petersen, Aiko: Sanktionsmaßstäbe im Jugendstrafrecht, Baden-Baden 2008.

Pflieger, Klaus: Kinder- und Jugenddelinquenz aus Sicht der Strafverfolgung, in: SchlHA 1999, S. 88–90.

Pruin, Ineke Regina: Die Diskussion um die Heranwachsenden im Jugendstrafrecht – (k)eine never-ending story, in: DVJJ (Hrsg.), Herein-, Heraus-, Heran- – Junge Menschen wachsen lassen, Dokumentation des 30. Deutschen Jugendgerichtstages vom 14. bis 17. September 2017 in Berlin, Mönchengladbach 2019, S. 467–495 (zit.: *Pruin*, in: DVJJ (Hrsg.), Herein-, Heraus-, Heran- – Junge Menschen wachsen lassen).

Pruin, Ineke Regina: Die Heranwachsendenregelung im deutschen Jugendstrafrecht, Mönchengladbach 2007.

Pruin, Ineke Regina/*Dünkel*, Frieder: Better in Europe? European responses to young adult offending, Full Report, London: Barrow Cadbury Trust, https://www.barrowcadbury.org.uk/wp-content/uploads/2015/02/T2A_Better-in-EuropeReport-online.pdf, zuletzt abgerufen am: 31. 10. 2020 (zit.: *Pruin/Dünkel*, Better in Europe? European responses to young adult offending).

Puppe, Ingeborg: Kleine Schule des juristischen Denkens, 4. Auflage, Göttingen 2019.

Putzke, Holm: Beschleunigtes Verfahren bei Heranwachsenden, Zur strafprozessualen Ausprägung des Erziehungsgedankens in der Adoleszenz, Holzkirchen/Obb. 2004 (zit.: *Putzke*, Beschleunigtes Verfahren bei Heranwachsenden).

Quenzel, Gudrun: Volljährig – und nun? Entwicklungsaufgaben der „späten Jugendphase", in: ZJJ 2017, S. 130–133.

Rasch, Dieter/*Kubinger*, Klaus D.: Statistik für das Psychologiestudium, München 2006.

Reimer, Franz: Juristische Methodenlehre, 2. Auflage, Baden-Baden 2020.

Remschmidt, Helmut: Junge Volljährige im Kriminalrecht, in: MSchrKrim 1978, S. 79–94.

Riekenbrauk, Klaus: Straffällige Heranwachsende und Volljährigenhilfe nach § 41 SGB VIII, in: ZJJ 2007, S. 159–166.

Rüthers, Bernd/*Fischer*, Christian/*Birk*, Axel: Rechtstheorie mit Juristischer Methodenlehre, 11. Auflage, München 2020 (zit.: *Rüthers/Fischer/Birk*, Rechtstheorie).

Schaffstein, Friedrich: Die strafrechtliche Verantwortlichkeit Heranwachsender nach Herabsetzung des Volljährigkeitsalters, in: MSchrKrim 1976, S. 92–107.

Schaffstein, Friedrich: Die strafrechtliche Behandlung der Jugendlichen, in: ZStW 58 (1939), S. 740–741.

Schlehofer, Horst: Juristische Methodologie und Methodik der Fallbearbeitung, in: JuS 1992, S. 572–578.

Schönke, Adolf/*Schröder*, Horst: Strafgesetzbuch Kommentar, 30. Auflage, München 2019 (zit.: *Bearbeiter*, Schönke/Schröder).

Schüler-Springorum, Horst: Denkschrift über die Reform des Jugendgerichtsgesetzes im Rahmen der großen Strafrechtsreform, in: MschrKrim 1964, S. 1–23.

Solich, Harald: Die Jugendverfehlung nach § 105 Abs. I Ziff. 2 JGG, Köln 1961.

Sonnen, Bernd-Rüdeger: Anmerkung zu BGH – 3 StR 214/15 – Beschluss vom 20. 08. 2015, in: ZJJ 2016, S. 76–77.

Sonnen, Bernd-Rüdeger: Wirklichkeit und Wirksamkeit: Zur Kriminologie im Jugendkriminalrecht, in: Festschrift für Heribert Ostendorf, Baden-Baden 2015, S. 873–882 (zit.: *Sonnen*, FS-Ostendorf).

Ständige Deputation des Deutschen Juristentages (Hrsg.): Verhandlungen des 64. Deutschen Juristentages. Band II/1 (Sitzungsberichte – Referate und Beschlüsse), München 2002.

Stolp, Inga: Die geschichtliche Entwicklung des Jugendstrafrechts von 1923 bis heute, Baden-Baden 2015.

Streng, Franz: Jugendstrafrecht, 5. Auflage, Heidelberg 2020.

Streng, Franz: Franz v. Liszt und das Jugendstrafrecht – ein Blick zurück und nach vorn, in: ZJJ 2017, S. 208–214.

Swoboda, Sabine: Die Bemessung der Jugendstrafe bei Mordtaten von Heranwachsenden – Die Reform des § 105 Abs. 3 JGG und ihre Bedeutung für den jugendstrafrechtlichen Konflikt zwischen Erziehungsgedanke und positiver Generalprävention, in: ZStW 2013 (125), S. 86–111.

Tenorth, Heinz-Elmar/*Tippelt*, Rudolf (Hrsg.): Lexikon der Pädagogik, Weinheim/Basel 2007 (zit.: *Bearbeiter*, Lexikon der Pädagogik).

Thierack, Georg: Dem neuen Jugendstrafrecht zum Geleit, in: DJ 1944, S. 4–16.

Wabnitz, Reinhard J.: Kinder, Jugendliche und junge Erwachsene im deutschen Recht – in der historischen Entwicklung und heute, in: ZJJ 2017, S. 230–235.

Walter, Michael: Heranwachsende als kriminalrechtliche Problemgruppe, in: GA 2007, S. 503–517.

Walter, Michael: Welches Recht für Heranwachsende?, in: ZJJ 2007, S. 400–403.

Walter, Michael: Anmerkung zum BGH-Urteil v. 09.08.2001 – 1StR 211/01 (LG München I), in: NStZ 2002, S. 208–210.

Walter, Michael/*Neubacher*, Frank: Jugendkriminalität, eine systematische Darstellung, 4. Auflage, Stuttgart 2011 (zit.: *Walter/Neubacher*, Jugendkriminalität).

Walz, Guido: Lexikon der Statistik mit ausführlichem Anwendungsteil von Barbara Grabowski, München 2004 (zit.: *Walz*, Lexikon der Statistik).

Wank, Rolf: Die Auslegung von Gesetzen, 6. Auflage, München 2015.

Weber, M. M./*Rüth*, U.: Die forensisch-psychiatrische Begutachtung Heranwachsender nach § 105 JGG zwischen Strafe und therapeutischer Hilfe, in: Fortschritte der Neurologie/Psychiatrie 65 (1997), S. 247–255.

Wegener, Hermann: Der „vorzeitige Abschluß der Entwicklung" bei minderbegabten Straftätern, in: MSchKrim 1960, S. 147–162.

Werwigk-Hertneck, Corinna/*Rebmann*, Frank: Reformbedarf im Bereich des Jugendstrafrechts?, in: ZRP 2003, S. 225–230.

Wessels, Johannes/*Beulke*, Werner/*Satzger*, Helmut: Strafrecht Allgemeiner Teil, Die Straftat und ihr Aufbau, 50. Auflage, Heidelberg 2020 (zit.: *Wessels/Beulke/Satzger*, AT).

Wiesner, Reinhard (Hrsg.): SGB VIII, Kinder- und Jugendhilfe, Kommentar, 5. Auflage, München 2015 (zit.: *Bearbeiter*, Wiesner-SGB VIII).

Wolff, Jörg: Jugendliche vor Gericht im Dritten Reich. Nationalsozialistische Jugendstrafrechtspolitik und Justizalltag, München 1992 (zit.: *Wolff*, Jugendliche vor Gericht im Dritten Reich).

Zieger, Matthias: Zum Referentenentwurf eines Ersten Gesetzes zur Änderung des Jugendgerichtsgesetzes (JGGE), Juli 1987, in: StV 1988, S. 308–311.

Zieger, Matthias/*Nöding*, Toralf: Verteidigung in Jugendstrafsachen, 7. Auflage, Heidelberg 2018.

Zippelius, Reinhold: Juristische Methodenlehre, 11. Auflage, München 2012.

Stichwortverzeichnis